CAHIERS DE RECHERCHE ÉTHIQUE

1 – Problèmes et méthodes

Cet ouvrage a bénéficié d'une subvention
du Conseil des Arts du Canada
et a reçu l'aide du fonds P.A.R.T.A.G.E.

Numéro de la fiche de catalogue
de la Centrale des Bibliothèques — CB : 76-1300

ISBN : 0-7755-0569-2

Présentation

De toutes parts, on prescrit actuellement des tâches à l'éthique et à l'éthicien. Les problèmes inédits que la mutation culturelle en cours a fait éclater se révèlent comme autant de défis adressés à l'homme dans sa vie, dans sa réflexion et dans ses options. Simultanément, l'ampleur et la diversité des acquisitions scientifiques récentes viennent mettre en cause sa vision traditionnelle du monde et l'entraînent vers un avenir qui dépasse toute prévision.

En plusieurs champs, la morale classique a été contrainte de déclarer forfait et cela, sur une double constatation : le diagnostic des comportements individuels et collectifs échappe désormais à son magistère exclusif ; le diagnostic du bonheur n'a plus forcément référence à ses codes et à ses rituels. L'essor des autres sciences est venu élargir les aires d'expérience et rendre caduques des données qui jusqu'ici ont déterminé des choix essentiels. Et au-delà de toute démarche empirique, l'une ou l'autre de ces sciences se découvre, dans son exercice et principalement dans sa visée, un lien nécessaire avec la question éthique.

Le spécialiste de la morale ou de l'éthique constate ainsi qu'il ne peut plus faire cavalier seul : sa recherche n'aura de pertinence que s'il se soumet à l'urgente nécessité d'une collaboration interdisciplinaire dont il devra lui-même contribuer à créer le modèle. Il se voit mis en demeure de délaisser les formules statiques, de réviser ses catégories et son langage, de faire sienne toute hypothèse sérieuse qui lui vient des autres sciences et d'en mener l'analyse selon les exigences d'un dialogue constant et ouvert. S'il admet que l'homme se définit à même le devenir, il est concerné par l'appel lancé par un Garaudy : « Il ne s'agit pas d'apporter des réponses nouvelles à de vieux problèmes. Affrontés à des tâches inédites, nous sommes tenus de changer la manière même de poser la question. Et d'abord d'exiger que soient posées les vraies questions » (L'Alternative, *p. 11).*

La présente série de Cahiers *a été mise en projet dans cet esprit : « poser les vraies questions », à l'intérieur d'un échange permanent à établir entre tous les chercheurs qui s'intéressent à l'éthique. L'équipe des responsables entrevoit avant tout ces* Cahiers *comme une instance de recherche et de dialogue, un lieu de convergence où l'opinion, l'analyse et la synthèse se voisinent dans un regard lucide sur les problèmes qui se posent à la recherche éthique actuelle. Il s'agit donc de poser honnêtement les questions et de les explorer avec rigueur plus que d'en arriver toujours à des réponses claires et sans appel.*

L'équipe de direction se situe d'emblée dans une perspective scientifique non confessionnelle. Admettant au départ l'identité confessionnelle de chacun de ses membres, elle se veut à la fois loyale dans son propos de recherche et sainement affranchie des censures extérieures. Son intention est celle de susciter la parole et d'en assurer le libre exercice au plus grand nombre possible de collaborateurs. Elle constate et accepte déjà que des divergences de point de vue, des visions scientifiques différentes affleurent dans ce premier Cahier. *Que le lecteur voie en cela une invitation ouverte à collaborer et à manifester ouvertement ses champs d'intérêt. Par ailleurs, pour être libres et franches, les opinions et recherches publiées dans ces* Cahiers *n'engageront que la responsabilité de leurs auteurs.*

La publication des Cahiers de recherche éthique *n'est pas liée aux exigences d'une périodicité stricte propre au Journal ou à la Revue. L'équipe de direction préfère s'accorder au rythme des meilleures recherches en cours et des événements les plus significatifs dans le domaine éthique.*

Les articles qui suivent, regroupés sous le thème « Problèmes et méthodes », donnent le coup d'envoi de cette série de Cahiers. *Ils nous entraînent de plain-pied dans la mise à jour des axes majeurs d'une problématique actuelle de l'éthique et dans l'élaboration de projets d'une méthodologie cohérente. Les trois auteurs Ferland, Fortin et Prades nous présentent des textes qui ont déjà fait l'objet de discussions à l'occasion d'un symposium en éthique qui s'est tenu à Rimouski à l'automne 1974. Les collaborations de MM. Grand'Maison et Quiviger, préparées en dehors du cadre de ces discussions, ouvrent des voies adjacentes à leur propos dans le vaste domaine de la problématique.*

Dans un contexte où le phénomène de la consommation confine à la profanation, nous avons tenu à donner à ces Cahiers *le format le plus économique et le plus fonctionnel possible. Nous pensons ainsi en faire un instrument commode et facile d'accès, en deçà d'un luxe qui ne sied pas toujours à l'exigence éthique.*

Rodrigue BÉLANGER

PRIORITÉS ACTUELLES

Jacques Grand'Maison

Jacques Grand'Maison est professeur à la Faculté de Théologie de l'Université de Montréal, section de pastorale. Ses derniers travaux rendent compte d'un intérêt marqué pour les questions éthiques.

RE-POSER LA QUESTION MORALE

Des diagnostics courants

Le propos « moral » a refait surface depuis les nombreuses révélations d'immoralité publique. Mais ce sursaut de la conscience vient de bien d'autres sources. Telle une vie collective chaotique, et minée par de multiples conflits échevelés, aussi incompréhensibles qu'insolubles. Il suffit d'aligner une série de remarques familières pour étayer le premier sens de ce réflexe moral.

- « Tout le monde triche et tire la couverte de son côté, les compagnies, les syndicats, les gouvernements, et même la plupart des citoyens. »
- « On a peur de se faire avoir par le médecin, par le garagiste, par le plombier, par le marchand, etc. »
- « Les gens n'ont plus de conscience. Il n'y a pas que les grandes fraudes publiques. Pensons à la somme énorme de vols quotidiens à l'étalage, dans les lieux de travail ou ailleurs. »

- « On ne veut plus travailler ou on fait mal son travail. Même les syndicats encouragent l'irresponsabilité. »
- « Les services publics sont devenus des bordels. Le bien commun est la dernière préoccupation. »
- « Les parents, les éducateurs ne savent plus quoi transmettre. C'est la démission générale. »
- « Ni discipline, ni sens de l'effort... tout et tout de suite... peu importe les moyens ou les conséquences... mais qui donc a encore un peu de couenne morale ? »
- « On vit au-dessus de ses moyens. Malgré l'inflation, on dépense à tour de bras. Le crédit est devenu un mode de vie. »
- « L'argent ne vaut plus rien. Profitons à fond de celui que nous avons. Tant pis, le gouvernement s'occupera de nous. »
- « L'honnêteté ? Elle n'est pas possible dans notre société. Tu vas croupir toute ta vie, si tu ne prends pas les chances qui passent. »
- « Les jeunes n'ont pas le courage d'avoir des enfants. Le confort, les voyages, la vie facile d'abord. »
- « Chacun veut vivre sa vie à sa guise, tout en ne reculant devant aucun geste de rupture... divorce, placement d'enfants, avortement. »

Absence de consensus

Et je pourrais allonger la liste de ces réflexions que j'ai notées attentivement au fil des conversations quotidiennes. Il y a donc un fort coefficient de préoccupation et de perturbations morales, même si plusieurs tentent de s'accommoder au désordre. Mais un tel climat de confusion pèse à la longue. On souhaite un redressement, au sommet comme à la base. Certains regrettent la disparition des cadres moraux légués par leurs pères. D'autres en appellent à une autorité plus sévère. Quelques-uns voudraient une nouvelle morale plus accordée aux changements culturels et sociaux des derniers temps.

Mais les attitudes de la plupart restent ambivalentes. On a peur de retourner au moralisme étroit et rigide des générations passées. Même si on veut plus d'ordre, on défend à tout prix sa liberté. Des esprits plus critiques flairent dans cette re-moralisation une nouvelle tentative de légitimation, soit des pouvoirs autocratiques, soit des Églises. Ils citent l'histoire d'un maire bien connu qui a fait sa carrière politique à partir d'une enquête sur la moralité. Cela lui a valu une adhésion massive qui a permis l'instauration d'un pouvoir quasi absolu. Voilà un exemple, entre plusieurs, de ce qui est arrivé dans l'histoire passée ou récente. Combien de pouvoirs totalitaires se sont installés après avoir utilisé la corde morale qui devait pendre les agents de corruption, de désordre ou d'exploitation ?

La morale a donc soutenu des causes ambiguës. Elle a même servi de diversion pour éviter des tâches politiques nécessaires, des risques historiques exigeants, des luttes à même les vrais rapports de forces et les situations réelles d'injustice. Ce que la vertu a pu permettre de tartuferies ! Les idéaux moraux masquent si souvent les pratiques contraires. Car dans le ciel pur des principes, on peut s'épargner les confrontations avec une vie concrète toujours chargée d'ambiguïtés, d'intentions cachées, d'intérêts camouflés.

Mais la question morale demeure

Peut-on faire fi de la question morale ? Un second regard va nous aider à la revoir d'une façon plus juste. Par exemple, en évitant de l'isoler de son contexte historique, culturel et politique toujours particulier. Bien sûr, une telle interpellation nous renvoie à nos conceptions les plus décisives sur la vie, sur l'homme, sur la société. Essayons d'y voir clair.

Deux orientations très différentes

Un ministre de la Justice tenait récemment un plaidoyer rigoureux sur la restauration de l'ordre et de l'autorité. Au creux de son discours, se profilait une conception de l'homme plus ou moins explicitée. À ses yeux, l'homme est naturellement et spontanément égoïste, accapareur et même délinquant. Il faut donc des codes de conduite sévères et une autorité vigoureuse.

Nous aurions une tout autre lecture de la réalité, si le discours s'adressait à ce qu'il y a de meilleur chez les hommes. À leur conscience, à leur capacité de comprendre, à leurs ressources du cœur. Cette carte s'appuie sur une confiance, une foi en l'homme.

Voilà deux orientations presque opposées. Elles débouchent sur des décisions personnelles ou politiques, sur des organisations sociales fort dissemblables. L'éducation, l'économie, la politique, la justice vont se déployer dans des foulées bien différentes, si l'on choisit l'une ou l'autre perspective morale.

Je me demande si ces deux philosophies de base ne constituent pas un premier départage entre les citoyens. Elles sont sous-jacentes à bien des comportements et attitudes. Déjà les remarques citées plus haut en témoignent. Pour les uns l'honnêteté n'est pas possible. Pour les autres, la conscience humaine a toutes les ressources pour bonifier la vie. D'aucuns croient pouvoir changer la vie, alors que plusieurs en doutent. On mise alors sur la liberté, ou contrairement, sur l'autorité. Quelques-uns se veulent réalistes en refusant de tout ramener au clivage noir et blanc, bons et méchants. Parfois, c'est avec une pointe de pessimisme. Un peu à la façon de Churchill : « La démocratie est le plus mauvais système, excepté tous les autres ». La pureté morale, cherchée pour elle-même, décrocherait donc les hommes de la vie réelle qui est toujours plus grise que noire ou blanche. Mais après ce constat, le problème reste entier : à quoi vont se référer les jugements, les choix, les décisions pour se fonder ? Pas plus que la morale, les préférences ne tiennent pas toutes seules dans les airs.

La morale sous-jacente à des choix politiques

Voyons quelques exemples des implications morales toujours présentes dans n'importe quel choix politique qui concerne toute une collectivité.

– La Ville de Montréal a investi massivement dans un type particulier de projets. L'exposition universelle, les grandes places publiques, les Olympiques et le Casino indiquent un profil de priorités par rapport à d'autres priorités : la rénovation urbaine des lieux humains (habitat, zones grises, polyvalence dynamique des quartiers, etc.) et aussi par rapport à une économie secondaire de plus en plus faible. Le leadership municipal développe une politique et une économie des jeux et spectacles. N'y a-t-il pas ici une certaine conception particulière de la vie... un choix moral discutable ? Par exemple, un type d'homme : consommateur – spectateur et joueur.

– Autre exemple que ces alternatives entre une politique axée sur l'investissement étranger ou sur l'auto-développement ; sur le revenu garanti ou sur le plein emploi.

– Qu'est-ce qui peut légitimer une intervention gouvernementale qui force les couples humains à ne pas avoir plus de deux enfants, comme on le fait en certains pays ? Une question semblable se pose dans les législations coercitives sur le choix de l'école, de la langue. Un droit posé, un autre peut être lésé. Quel sera alors le fondement moral pour juger des conditions et des limites d'un choix donné. Un ministre des Affaires sociales soutenait récemment que l'État n'a pas à promouvoir une morale. Par ailleurs, comment peut-il nier que les politiques de son ministère comportent déjà des priorités et des orientations qui impliquent une hiérarchie des valeurs, une philosophie, une certaine vision morale.

– Toutes les idéologies véhiculent une morale, en elles-mêmes ou dans leurs traductions historiques. Adam Smith et Marx n'ont pas la même morale, ni Machiavel ni Soljenitsyne. Rousseau présente un choix de même portée quand il affirme : « Il vaut mieux qu'un peuple soit malheureux par sa faute qu'opprimé sous la main d'autrui ». Ce n'est pas là une pure théorie politique. La conscience ne se situe pas de la même façon dans un cas comme dans l'autre. Je devrais dire la même chose devant le vieux slogan capitaliste que le pouvoir libéral, à mi-mot, vient de ressusciter : « Pour une relance économique, il faut redonner confiance aux classes riches. Nous avons trop poussé les politiques sociales de partage ou de redistribution. » Est-ce un choix purement économique ? La place des plus forts et celle des plus faibles occupent des positions diverses sur une échelle aussi morale que sociale. On peut même déceler parfois un changement plus ou moins radical du centre de gravité de la condition humaine.

Tous les secteurs de l'existence sont concernés

J'ai insisté sur un seul ordre de problèmes. Il en existe tant d'autres. Tout se passe comme si les débats moraux se portaient constamment aux limites. Voyez cette radicalisation récente des remises en question morales : droit à l'avortement sur demande, droit à l'euthanasie et même, droit au suicide. Des médecins de l'Université McGill font des expériences sur des fœtus. À Atlanta, des cliniques gouvernementales ont laissé mourir de syphilis plus de 500 Noirs, pour connaître l'évolution de la maladie. Le département américain de la Santé, de l'Éducation et du Bien-être (!) a testé le LSD sur quelque 2500 personnes entre 1964 et 1968. Les cobayes étaient des prisonniers, des volontaires payés et des malades mentaux consentants. Mais dans l'enquête récente, on n'a jamais su comment a été obtenu ce consentement.

À la journée longue, les médecins ou les travailleurs sociaux font face à des situations qui ont souvent de fortes connotations morales. Or, ces intervenants n'ont pratiquement pas eu de formation morale pour bien se situer par rapport à cette dimension de la vie. À combien d'autres catégories sociales, beaucoup plus vastes, tels les parents et les enseignants, s'appliquent pareilles constatations. Par rapport aux apprentissages techniques, aux connaissances empiriques, la formation morale apparaît inexistante ou très pauvre dans la plupart des milieux scolaires, professionnels ou autres.

De la morale en bosse à la morale en creux

Voilà assez d'indices pour justifier la pertinence d'une réflexion morale. Mais fidèle à notre perspective exprimée plus haut, je voudrais situer dans notre propre contexte historique la démarche que je viens d'esquisser. Évidemment, j'en reste à de grands traits, puisqu'il s'agit d'introduire une analyse plus large et plus profonde. J'emploie à dessein le terme : radiographie. Parce que nous avons connu surtout une morale en bosse avec des règles bien codées, bien définies, cristallisées dans un patrimoine collectif. Nous n'avons pas appris à saisir l'enjeu moral en creux, dans l'opacité du réel et de ses cheminements historiques. Tâche beaucoup plus difficile, et pourtant nécessaire. De toute façon, le brouillage actuel de la conscience nous oblige à cette démarche inductive, bien collée aux expériences actuelles. Quitte à prendre une distance critique par la suite, un peu comme le radiologiste qui se concentre sur la plaque radiographique elle-même, en s'appuyant, cette fois, sur un travail systématique de compréhension.

RADIOGRAPHIE D'UNE SOCIÉTÉ

L'éthique libérale

Les Occidentaux se remettent à la morale, après une assez longue période de permissivité. Fiers de leur liberté, ils ont voulu se débarrasser des « conventions », des tabous et des vieux codes de conduite. Même la critique scientifique s'est mise de la partie pour démystifier l'origine de la morale, ses fondements et son autorité. Certaines contraintes de la société traditionnelle pouvaient se justifier, telles les règles sexuelles, dans la mesure où l'homme ne maîtrisait pas les effets du rapport amoureux. On devait donc se plier à des règles sévères de contrôle individuel et collectif. Mais la société technique, en dominant la nature, allait favoriser un gigantesque développement des pôles de conduite humaine. *Par exemple, le passage de l'ordre obligé à la liberté inventive.*

Peu à peu, on a cru au dégagement total des contraintes. Déjà le libéralisme économique au XIXe siècle prétendait faire naître un monde heureux et progressif du libre jeu des initiatives privées. Même l'État devait s'en tenir à un strict minimum d'interventions . Le sociologue Durkheim s'inquiéta, un moment, de l'anomie (absence de normes) de la société industrielle. Mais c'était au début de notre siècle. Rien n'a pu arrêter ce grand mouvement inédit de libéralisation.

Bien sûr, les codes moraux restaient en place, malgré la disparition de leurs soutiens culturels et religieux. Une telle distorsion devait se muer en divorce. En effet, de plus en plus les pratiques contredisaient les idéaux officiels inspirés par l'ensemble des valeurs judéo-chrétiennes. Même la jeune révolution socialiste puisait dans ce stock, en y mettant, évidemment, des accents autres que ceux de l'ancien régime ou de la société libérale.

Mais retenons la principale orientation historique qui a façonné notre société occidentale d'aujourd'hui. Par exemple, une conception de la loi désormais rattachée à des consentements démocratiques provisoires, soumis aux changements sociaux et économiques et aux choix politiques. Du coup, la « morale reçue » perdait sa valeur de légitimation officielle. Dans un tel contexte on se référait à la science, à la démocratie, et surtout aux impératifs d'une croissance économique qui se justifiait en dehors de toute autre considération.

Peu d'observateurs ont noté le prolongement du libéralisme économico-politique dans les conduites individuelles, la vie sociale et les attitudes culturelles. Même aujourd'hui, les esprits critiques qui condamnent le capitalisme semblent ignorer le fait qu'il s'est diffusé « culturellement » dans l'ensemble de la population. Les consommateurs, tout autant que les producteurs, n'orientent pas leurs choix et leurs décisions en fonction de finalités proprement humaines. Faire de l'argent, accumuler des biens, ne considérer que le « profitable », s'identifier par les choses qu'on possède, voilà les maîtres objectifs de la plupart des citoyens. Objectifs qui vont même se soumettre les décisions aussi importantes que celles d'avoir un enfant, de choisir un travail, d'entretenir tels ou tels rapports sociaux.

Voyons bien ici le glissement. L'instance morale qui interroge les moyens à la lumière des fins, cède le pas à une appropriation de moins en moins réglée. *La crise morale n'a pas jailli tout à coup dans une prise de conscience spontanée. Elle est née beaucoup plus de l'*a-*moralité de la société libérale que des scandales de l'immoralité publique ou privée.* Les scandales récents ont fait l'objet de diagnostics souvent très superficiels, dans la mesure où l'on n'a pas vu que certaines immoralités venaient de sources beaucoup plus profondes que celles de transgressions légales ou autres.

Pendant les dernières décennies, nos sociétés occidentales ont développé une organisation, des techniques, et des politiques a-morales, i.e. purement instrumentales. On aura beau nuancer ce jugement, il y a là un facteur déterminant. Quand l'argent, la technique ou l'accumulation de biens ne sont plus de simples moyens, mais des fins et surtout des fins exclusives, on ne laisse aucune place au questionnement moral qui suppose un certain écart critique entre l'homme et ses œuvres, ou ses biens.

Une question philosophique

Le problème moral ne se pose pas chez l'animal, précisément parce que l'instinct établit une régulation mécanique et homogène de toute la vie. L'homme, malgré tous ses conditionnements biologiques ou autres, peut confronter la réalité à ses objectifs, à ses projets, à ses rêves. Il peut poser librement des fins et chercher les moyens correspondants. C'est cet écart de la conscience libre, intelligente, responsable qui fonde la démarche morale. Or, la société technicienne a poussé tellement loin sa rationalité instrumentale qu'elle a bâti un univers artificiel qui ressemble à l'ordre naturel de l'instinct animal ou même des lois physiques. À quel prix ? La mort de l'homme comme tel. N'est-ce pas ce qu'ont proclamé des congrès scientifiques récents ? Le propos est sans doute exagéré.

Contentons-nous de constater la difficulté actuelle de définir une économie vraiment humaine de la vie et de la société. Voilà un premier élément de la crise morale. Il se traduit dans la vie familière par une incapacité de préciser ce qu'on veut vraiment. Plusieurs contemporains se disent malheureux sans pouvoir dire pourquoi. D'autres proclament leur goût de vivre, mais, en même temps, ils avouent avoir perdu l'intelligence de la vie.

Le lecteur trouvera ardu le cheminement de réflexion que je lui propose. Il doit se demander si ses propres diagnostics sont à la mesure des questions qu'il se pose. Il n'y a pas de réponse rapide et superficielle à la profonde perplexité morale d'aujourd'hui. Qu'est-ce que la conscience ? Quel rôle joue-t-elle dans la conduite humaine ? Est-ce vrai qu'elle est le premier lieu proprement humain dans l'évolution de l'univers, l'écart critique entre l'homme et la réalité qui l'entoure ? Un écart d'intelligence, de liberté, de responsabilité ? N'est-elle pas le lieu décisif où commencent l'intervention de l'homme, ses jugements, ses volontés ? N'a-t-on pas négligé ce lieu fondamental de l'homme, au cours des dernières décennies, tant en éducation qu'en politique, tant dans la conduite personnelle de la vie que dans les structures sociales ? *Tout se passe comme si la conscience s'était vidée pour devenir une vague référence sans contenu. Une conscience, qui n'a plus de structure et de base identifiables. Et pourtant, dans la société permissive, il ne reste plus que la conscience pour juger de la qualité de ses actes. Voilà la dramatique centrale du malaise de notre civilisation.*

Recherche d'une « économie de la conscience »

Ce tragique appauvrissement de la conscience contraste étrangement avec l'énorme richesse de connaissances, de moyens et de biens accumulés par notre orgueilleuse civilisation. On comprend alors le choc moral qui accompagne le désarroi actuel. On n'a pas cultivé l'*écart de sagesse* (la conscience) qui permet de juger l'histoire qui nous fait et qu'on veut faire. La culture fabriquée par les hommes, tout autant que la nature, a besoin d'être jugée par un lieu critique et distancé où l'homme évalue sa vie, sa société, ses mœurs, ses techniques et même sa science. Ce que bien des savants n'ont pas compris, quand ils prétendent que la science est identique à la conscience, comme le croit le biologiste Monod, prix Nobel ! La science n'a rien à dire sur l'écart de liberté consciente de l'homme par rapport aux mécanismes physiques, biologiques, psychologiques, sociologiques ou autres.

Toute l'évolution contemporaine qui nous a amenés à des culs-de-sac, écologiques, économiques ou nucléaires, condamne de telles prétentions. *L'homme a perdu la trace de cette économie de la conscience humaine et le voilà démuni pour réinventer un quelconque chemin de sagesse et de force morales.* Sa science, bien sûr, peut éclairer son jugement, mais elle ne le remplacera jamais. On sait maintenant qu'un projet de vie ou une volonté politique débordent le champ le plus rigoureux d'une ou plusieurs disciplines scientifiques auxquelles manque cette *touche d'humanité* propre à une authentique qualité morale.

Voyez l'impasse du désarmement, du désordre économique international, des foyers inextinguibles de violence, des faillites urbaines, du sous-développement grandissant et enfin des saccages écologiques qui accompagnent la nouvelle quête de ressources énergétiques. Et dire que d'aucuns croient encore que la révolution technologique peut corriger par elle-même ces déséquilibres profonds qui amènent l'humanité à un seuil critique inédit.

Comment récuser alors la pertinence d'une vigoureuse interpellation morale de la conscience humaine ? Car nous en sommes là. Les idéologies et les systèmes en présence semblent être incapables de rencontrer les exigences minimales de la charte des droits de l'homme. On retrouve partout des rapports de domination sous une forme ou sous une autre. Si bien que l'instance morale apparaît une utopie inaccessible.

Les esprits « réalistes » moquent les politiques angéliques de la vertu. Mais ils sont très aveugles devant les conséquences de la démission morale chez les hommes comme chez les peuples. Et pourtant il y a dans la conscience un dynamisme décisif pour élever l'humanité au-dessus des déterminismes naturels ou historiques. Le véritable progrès humain est toujours passé par cette fine pointe. L'érosion de la conscience a provoqué chacune des décadences de l'histoire. Il manquait alors le ressort humain nécessaire à un nouveau saut qualitatif.

Derrière l'affaissement de la conscience se cache la perte de la foi en l'homme et un désespoir rarement avoué. Les grandes traditions spirituelles voient ici un besoin radical de salut. Et certains humanistes contemporains parlent d'un « drôle de petit sens » (Sartre) qui pourrait sauver l'homme de cette absurdité. Ce que de telles convictions ont en commun, c'est une foi capable de susciter une espérance et un amour plus forts que tous les enfermements du destin. Dans cette perspective, la morale ne saurait tirer son sens et sa force ailleurs. Autrement, elle devient une autre forme de domination aussi aliénante et désespérante que les précédentes. Mais un tel point de vue n'est pas partagé par tout le monde. N'est-ce pas, d'ailleurs, un raccourci trop facile des cheminements historiques de la conscience, une réduction simpliste des complexités de la conscience humaine ?

Morale ou éthique

Ces dernières remarques nous suggèrent une distinction fondamentale entre morale et éthique. La première se qualifie par un système de règles, alors que la seconde relève d'un ensemble hiérarchisé de valeurs et d'orientations de vie correspondantes. Cette clarification initiale va nous aider à comprendre plusieurs malentendus sur la « crise morale ».

Certains rejets de la « morale » portent la plupart du temps sur la non-congruence d'un système de règles déphasé par rapport aux changements culturels de valeurs. On se contente alors d'ajuster ses comportements sur les valeurs privilégiées de son milieu ou de son temps. Tout le reste est soumis à la libre démarche de la conscience. Évidemment, on admet la nécessité d'un cadre juridique dans l'organisation sociale, mais on ne veut pas de contrôle moral extérieur et codifié. Cette pseudo-philosophie de l'adaptation à la culture mène à un cul-de-sac, puisqu'elle refuse tout équipement critique pour connaître, juger ou corriger les valeurs reçues. Ce qui ressemble étrangement à l'obéissance plus ou moins aveugle d'hier face à la morale imposée par une autorité extérieure. Ici le conformisme remplace l'obéissance. Un conformisme qui peut être aussi contraignant, aliénant et intégrateur. En un certain sens, cette contrainte est encore plus subtile, parce qu'elle semble laisser intacte la liberté, et parce qu'elle n'a pas les caractères circonscrits et critiquables d'un système de règles.

Mais les hommes d'aujourd'hui, comme ceux d'hier, ne sont pas à une contradiction près ! N'est-ce pas ridicule de penser que l'individu peut inventer son chemin d'heure en heure, que chaque geste va être le fruit d'une judicieuse délibération ? C'est refuser de faire des routes, sous prétexte de respecter la nature et la liberté. Le rejet du « normatif » dans la conduite humaine a provoqué des angoisses intérieures indéfinissables, des conformismes extérieurs superficiels et des phénomènes d'incommunicabilité entre les hommes.

Pour surmonter ces difficultés, faut-il restaurer ou réinventer un système de règles morales ? L'entreprise est vouée à l'échec, si on ne maîtrise pas l'économie qui précède, accompagne, et réoriente la morale, à savoir la démarche éthique. Peut-être lèverons-nous plusieurs ambiguïtés, malentendus et faux débats. Je soupçonne que le drame de la morale reçue a commencé quand on a perdu de vue l'économie éthique qui seule permet une juste évolution du code moral. Les changements culturels de valeurs et même les ruptures radicales ne constituent pas le problème majeur, dans la mesure où la société et ses membres savent les initier, les maîtriser ou les orienter. L'éthique joue ici un rôle important dont dépendent la redéfinition et la formalisation des codes moraux. Je voudrais donc clarifier dans la prochaine étape cette conception de l'éthique.

SEPT COMPOSANTES DE L'ÉTHIQUE [1]

1. Un ensemble cohérent de valeurs
2. Un jugement juste et libre
3. Une force morale
4. Un comportement conséquent
5. Une instance critique
6. Un consensus minimal
7. Une finalisation fondée, une clef de voûte.

1. Un ensemble cohérent de valeurs

La valeur n'est pas une idée pure, un principe, ou un idéal. C'est ce qu'on juge important dans la vie ; ce qui est décisif dans l'attitude, effectif dans le comportement. Une référence tout autant qu'une préférence. Une priorité à la fois individuelle et sociale. Une réalité humaine intériorisée et extériorisée. La valeur passe par l'intelligence, le cœur et les mains. On ne devrait donc pas minimiser le coefficient affectif et l'élément volontariste de la valeur dans la recherche de sa dimension rationnelle. La valeur déclenche un mouvement vital de « tout l'homme » en situation. Une approche trop logicienne ne peut saisir le visage culturel et historique qui particularise une valeur, ni sa dimension transcendantale qui échappe à l'une ou l'autre rationalité.

Mais certains analystes se fourvoient en évacuant les valeurs du champ de la science. On sait les terribles conséquences d'un déploiement scientifique et technologique qui a repoussé les jugements de valeur en dehors de son champ d'intervention. La cité moderne a perdu ainsi la trace du sens humain, des finalités proprement humaines que véhiculent les valeurs. Un sens humain à la fois bien enraciné dans un contexte culturel et historique, et en même temps chargé de qualités spirituelles qui transcendent les processus rationnels, tout en les assumant. La valeur déborde la raison, sans l'évacuer, bien au contraire. Elle transmue un sens privilégié en conviction et en responsabilité.

Le sociologue Max Weber distinguait jadis l'*éthique de responsabilité et l'éthique de conviction.* La première, relevant d'une démarche plus rationnelle, plus pragmatique, plus lucide sur les conditions réelles d'existence et leurs limites. L'éthique de conviction s'appuie davantage sur les motivations, les intentions et les espoirs, sur certains paris. On a dit que ces deux éthiques sont opposées. Elles le sont effectivement dans la mesure où elles véhiculent deux conceptions très différentes de l'homme et du monde. Mais ce que je conteste ici, c'est le fondement philosophique de cette distinction entre responsabilité et conviction. La philosophie des valeurs qui sustente notre conception de l'éthique, vient précisément articuler dans le comportement humain la conviction et la responsabilité ; la motivation, l'action et la fin visée.

La valeur est désirable, effective et finalisante dans le comportement des hommes. Elle a prise sur le réel et en même temps elle ouvre sur les « possibles », de l'avenir. Elle dégage une béance pour l'émergence d'une liberté gratuite au cœur des donnés de nature, des limites historiques et des exigences rationnelles. Elle prévient le dogmatisme qui menace une éthique de conviction et l'empirisme d'une éthique de responsabilité ; l'arbitraire de la première et le cynisme de la seconde.

Mais attention, cette philosophie de la valeur qui fonde l'éthique, comporte bien d'autres composantes. Par exemple, une valeur n'existe jamais d'une façon isolée. Elle est toujours posée par rapport à une contre-valeur et par rapport à d'autres valeurs, dans un contexte historique et culturel particulier. La justice universelle tient son sens singulier de valeurs en relation avec les injustices concrètes d'un système social, et aussi en relation avec d'autres valeurs comme l'amour, l'espérance ou le courage, elles aussi singularisées. *Autrement dit, les valeurs ne se conçoivent et ne se vivent pas isolément, en dehors de leurs rapports particuliers et d'une échelle hiérarchisée. Cette échelle peut être différente selon les cultures ou les idéologies. Cette philosophie est donc très apte à se déployer dans une société pluraliste. Elle fait place à différentes solutions éthiques et à des confrontations démocratiques, à des remises en question plus ou moins radicales, à des évolutions ou même à des sauts qualitatifs. Elle met à contribution les diverses économies : celles de la nature, de l'histoire, de la culture, de la science. Mais elle est aussi une instance critique pour juger des diverses échelles de valeurs.* Nous reviendrons sur ce dernier aspect.

2. *Un jugement juste et libre*

Dans le sillage de notre réflexion précédente, disons tout de suite que le jugement éthique n'est pas réductible à une pure démarche logique. Il implique une rectitude du cœur, et même une certaine justesse de la sensibilité. La délibération de conscience comporte donc des qualités intuitives et des richesses de sentiment.

Le monde populaire a bien su faire ici des distinctions heureuses. Pensons à des remarques comme celle-ci : « il est instruit, mais il n'a pas de jugement ». Rappelons-nous les débats récents où l'on ramenait le rôle de l'école à l'instruction, à l'acquisition de connaissances et à la maîtrise de techniques. Ce refus de « l'éducation » au sens populaire du terme s'inscrivait dans l'aveuglement général de notre cité moderne. Une cité qui a refoulé les valeurs, et surtout la critique éthique des valeurs en dehors de ses circuits institutionnels, de ses performances technologiques, de sa politique et même des lieux privilégiés de l'éducation, telles la famille et l'école. Combien ramènent tout l'enjeu social ou politique à une question d'information. Encore ici une certaine sagesse populaire distingue entre information et formation.

Tant de science et si peu de sagesse. Tant de techniques, et de moyens puissants et un tel désarroi face à la vie et à la condition humaine. Nous ne le répéterons jamais assez. Dans la fière Amérique qui a réussi des prodiges technologiques indéniables, le moral des hommes n'a jamais été aussi bas. Des hommes en grand nombre ne savent même plus ce qu'ils veulent exactement, ni quoi penser de leur situation actuelle, ni comment la juger avec pertinence. Mais dites-moi, est-ce un manque de ressources scientifiques, d'informations ? Allons donc !

Les jeunes reprochent de plus en plus à leurs aînés de n'avoir plus rien à affirmer. Chesterton avait prévu cette dérive : « Nous ne savons plus ce qu'est le bien, mais nous voulons le donner à nos enfants. » La crise du « jugement » révèle celle des contenus humains de la vie. Avant de moraliser sur un style de vie bâti presque uniquement en fonction des besoins, des stimuli et des pulsions du moment, il faut bien voir comment l'absence de formation éthique a provoqué pareille existence sur le tas (dans une société programmée !). On n'a pas développé la philosophie de la vie correspondante à l'évolution scientifique, sociale et politique. Le problème crucial ne vient pas de celle-ci, mais de l'absence de philosophies et d'éthiques judicieuses, dynamiques. *Kant a raison quand il rattache la qualité humaine d'une société à celle d'un jugement juste et libre chez ses membres.*

Mais il y a d'autres aspects problématiques. Par exemple une technologie sociale omniprésente qui réduit les comportements à la séquence artificielle : stimulus et réaction immédiate. Toute la vie moderne se déroule sous mode publicitaire. Le jugement est de moins en moins possible dans un tel contexte de conditionnement et de manipulation. Ces maquignons de la conscience utilisent même les découvertes scientifiques et technologiques pour aliéner l'esprit critique. Ce totalitarisme déguisé se diffuse dans toutes les aires de la vie quotidienne. Le behaviorisme nord-américain apporte même un faux halo scientifique de responsabilité à ce mépris du jugement juste et libre.

3. *Une force morale*

Je ne veux en aucune façon bouder l'importance des moyens techniques de notre civilisation. Mais en même temps, j'insiste fermement sur les fausses séductions de ce « Deus ex machina ». Nous en sommes venus à tout attendre des sciences et des techniques. Cette attitude mythologique vaut-elle mieux que les aliénations magiques d'hier ? La rationalité mythifiée est peut-être plus pernicieuse, parce qu'elle semble si raisonnable et logique. Son impérialisme a créé des nains spirituels, des consciences analphabètes. On m'accusera de spiritualiste attardé, incapable de comprendre la révolution du matérialisme historique. J'aimerais à mon tour signaler les contradictions de ces objecteurs qui rejettent d'une part tout humanisme volontariste, et d'autre part clament la nécessité de véritables volontés politiques pour faire face aux défis planétaires actuels. Ils demandent à la société ce qu'ils nient chez ses membres. Aucune révolution n'est possible sans la force morale de ses porteurs, sans ces qualités spirituelles de courage, de magnanimité, de patience, de liberté entreprenante.

Contradiction aussi de ceux qui déplorent le psychisme fragile des contemporains et refusent en même temps les exigences d'un dynamisme et d'une discipline proprement éthiques. C'est la force morale qui transmue en conviction une motivation, un droit ou une raison bien fondés. Quand les conduites n'ont d'attache qu'à des opinions changeantes, comme c'est trop souvent le cas, il n'y a plus tellement de place pour l'esprit de décision, le sens des responsabilités ou la persévérance dans les engagements. Je ne cherche pas à proclamer ici une vérité apodictique. Je sais les dangers de la force exaltée qui débouche sur la violence aveugle ou la tyrannie. Dans la plupart des grandes traditions philosophiques, nous rappelle Hobbes, la force et le droit doivent être intimement liés pour générer des lois et des comportements humains justes et vrais. Mais notre insistance porte davantage ici sur la force morale comme ressort de la conscience éclairée, comme lien énergétique entre le jugement et l'action.

4. *Un comportement conséquent*

Une éthique non agissante est un non-sens. Elle mérite les critiques de ceux qui voient dans la re-moralisation actuelle une possible diversion des tâches collectives nécessaires. La vérité du geste sera toujours le repère le plus visible d'une démarche éthique. J'ai le goût d'évoquer ici la qualité du pain comme lieu privilégié de rencontre entre la force d'âme et la sagesse de vie. Trois coordonnées éthiques inséparables. Le drame du pain, aujourd'hui, relie le quotidien le plus familier aux enjeux tragiques d'un sous-développement grandissant sur la planète.

Ce langage nous ramène à la dimension horizontale des rapports sociaux, tout en remettant en cause une fausse éthique verticale qui a justifié des écarts économiques injustes, des structures d'exploitation, des pouvoirs dominateurs, des morales paternalistes, des misères résignées. On fait la morale tantôt aux gouvernements, tantôt aux pauvres, sans interpeller soi-même et les siens. Or c'est dans l'action responsable qu'on développe une éthique horizontale à son propre niveau.

Bien sûr, un comportement conséquent a comme première caractéristique de traduire en acte le jugement de conscience. Mais il faut aller plus loin pour poser l'acte éthique comme explorateur et promoteur de sens. C'est par là que l'éthique interroge le système de règles morales ou de normes reçues et établies. Ce système, laissé à lui-même, tend à se rigidifier. Alors, il se décale par rapport aux situations réelles, à l'évolution des consciences individuelle et collective, et aux requêtes de libération et de créativité. L'éthique agissante se situe donc au cœur des dynamiques historiques et des projets de la vie concrète. La conscience moderne a eu raison de dénoncer les morales verticales et déductivistes qui faisaient fi de l'homme comme agent libre et responsable dans la construction d'un monde humain et dans l'orientation de l'histoire.

L'éthique juge donc les codes moraux, comme la justice juge les lois. Par sa démarche expérimentale, elle relativise les principes absolus et crée des normes « vivables » opérationnelles. L'idée d'une norme absolue en éthique est absurde. C'est peut-être l'aspect le plus marquant de cette conception moderne. En effet, on brise ici à la source la légitimation des pouvoirs absolus, des dogmatismes doctrinaux et des systèmes totalitaires fermés. L'éthique comporte un sens et un dynamisme politiques trop méconnus, surtout dans une perspective d'action libératrice et créatrice.

5. *Une instance critique*

Si j'avais à qualifier le cul-de-sac moral d'une société, je dirais ceci : il n'y a d'éthique collective que dans le cadre des valeurs sociales admises. Cul-de-sac de bien des sociétés, et de la nôtre particulièrement, dans la mesure où l'on refuse la fonction critique de l'éthique. Les sciences sociales officielles, en prétendant rejeter de leur champ de responsabilité tout jugement de valeur, ont donné un statut scientifique à cette conformité sociale qui définit les comportements uniquement par leur ajustement fonctionnel au système social établi. Or, c'est un des rôles essentiels de l'éthique que de juger les mœurs et les cultures particulières.

Prenons un exemple très révélateur. L'enquête Kinsey sur les comportements sexuels livrait dans l'interprétation de ses résultats, une pseudo-philosophie éthique réduite à une morale de la majorité, au nom d'une idéologie démocratique bien mal comprise. Réaction compréhensible devant une morale traditionnelle devenue étrangère aux changements culturels et sociaux provoqués par les révolutions scientifiques et politiques de la civilisation occidentale. Mais combien ont vu ici le glissement d'une certaine morale traditionnelle figée et dogmatique à une morale contingente, et changeante au gré des modes du temps. Autant dire pas de morale du tout ?

J'ai déjà montré comment l'éthique permet un jugement critique à la fois sur les mœurs et sur le système de règles morales d'une société. Sans une telle méditation, ces deux niveaux sont soit identiques, soit carrément dissociés l'un de l'autre. Ainsi un système moral qui avait cristallisé les mœurs d'une époque se voit rejeté par les mœurs d'une autre époque, sans être remplacé. La crise peut durer pendant une plus ou moins longue période. Elle devient cul-de-sac, s'il n'y a pas de démarche éthique pour confronter systématiquement les mœurs anciennes et nouvelles, les hiérarchies de valeurs en présence, les codes moraux existants et possibles et tout l'appareil légal.

Cette démarche est proprement philosophique dans la mesure où elle refuse de se soumettre inconditionnellement à des postulats idéologiques de départ, des postulats non soumis au jugement critique. En pareil cas, la fonction critique de l'éthique est biaisée à sa source. Une éthique dogmatique est un contresens. Quand on érige en dogme ou en vérité absolue un mécanisme de l'histoire, ou même un concept scientifique, on renferme l'homme et les valeurs dans un système clos.

Or, toute éthique veut précisément maintenir l'instance proprement humaine d'une liberté à la fois historique et transcendante qui assume, finalise et dépasse les déterminismes naturels et les systèmes sociaux. Même la science ne saurait encercler dans sa rationalité l'homme conscient, libre et responsable, et l'homme qui est aussi un être gratuit dans l'univers des nécessités. J'ai déjà dit que certains courants modernes de la science — les structuralismes — rejettent cet humanisme. Plusieurs scientistes viennent de mener au bout leur logique en niant l'homme lui-même, sa liberté, sa dimension historique, sa transcendance, sa gratuité, son ouverture sur des horizons qui dépassent la rationalité et les lois de la nature, tout en les assumant.

J'ai insisté encore une fois sur cette dernière tendance, parce qu'elle me semble être l'aboutissant de l'évolution majeure d'une civilisation qui s'est enroulée progressivement dans ses instruments scientifiques et technologiques au point d'oublier les finalités proprement humaines. La crise de l'éthique en découle.

Mais il y a aussi des requêtes plus humbles et plus quotidiennes qui appellent une critique éthique plus alerte et plus consistante. Combien d'hommes savent distinguer, confronter et articuler :

ce qu'ils savent	(information)
ce qu'ils pensent	(opinion)
ce qu'ils veulent	(aspirations-attitudes-valeurs)
ce qu'ils font	(comportements)

Dans divers groupes de réflexion ou d'action, j'ai souvent amené les membres à situer leurs problèmes, leurs entreprises ou leurs projets dans ce cadre critique. La démarche a toujours été très difficile, mais féconde. Le fait que la majorité des gens se sentent aussi démunis et mal à l'aise dans ce processus critique fondamental montre bien jusqu'à quel point la société entière, les leaderships politiques, les éducateurs ont mis de côté la dimension éthique des conduites humaines individuelles et collectives. Celle-ci refait surface, mais de façon erratique et sans le moindre cadre critique de cohérence.

Une tâche immense et vitale se présente à nous tous. Il ne suffit pas de réclamer un rôle plus actif de l'homme comme créateur de normes, encore faut-il qu'il sache l'économie de sa fonction critique et créatrice. Or, ici les contenus humains et les pédagogies sont brouillés plus que jamais. L'individu ne peut quotidiennement inventer de nouvelles cohérences de vie. Il a besoin d'un environnement social et politique plus articulé, mieux balisé au plan éthique lui-même. Autrement dit, il faut des cadres éthiques collectifs plus identifiables.

6. *Un consensus minimal*

Les dernières remarques introduisent une autre étape de réflexion. Peut-il y avoir, dans une société pluraliste, une éthique collective commune ? N'est-ce pas retourner au monolithisme imposé d'hier ? Ne doit-on pas accepter démocratiquement plusieurs éthiques ? Est-ce possible de concevoir une société sans un consensus collectif minimal qui sert de lieu critique commun pour juger les intérêts, les objectifs et les entreprises poursuivis par les différents groupes et pour les individus ?

D'abord un premier constat : le conflit des éthiques dans notre société. Je pense à une remarque fréquente dans les lettres des lecteurs aux journaux. On oppose une morale de devoirs à une morale de droits. Derrière ce diagnostic très réducteur, s'affrontent deux philosophies qui apparemment dissocient liberté et responsabilité. Ce que l'éthique doit articuler. Mais de fait, une éthique est beaucoup plus complexe. Tout notre itinéraire réflexif tend à le montrer.

Revenons à la situation présente. Je ne crois pas qu'on puisse parler vraiment de choc des morales dans la mesure où l'ancienne s'est défaite, et dans la mesure où les nouvelles ne se sont pas encore constituées comme telles. Tout au plus, pouvons-nous constater un conflit de valeurs que certains privilégient et que d'autres rejettent tout en opposant les leurs. Mais il n'y a pas vraiment de cadre éthique dans la plupart des cas.

Avant d'en arriver à un minimum de consensus sur un certain fond éthique commun, il faut développer une pédagogie susceptible de permettre la maturation des diverses tendances éthiques de notre société, développer aussi la confrontation judicieuse et démocratique de ces premiers réseaux de cohérence éthique. Il faut préciser cette pédagogie en répondant à la séquence classique des questions : où, quand, comment, pourquoi, etc. J'ai tenté d'aborder cette tâche dans un ouvrage récent sur l'éthique collective. Je signale ici les articulations d'un chapitre-clef : Comment construire une éthique collective ? [2]

Je tiens au qualificatif « minimal » accroché à l'idée de consensus et cela pour plusieurs raisons. L'éthique est incompatible avec un système moral, unique et fermé. Elle peut s'investir dans diverses polarisations et différents systèmes moraux comme dans des cultures toujours particulières. S'investir sans s'y enfermer. Il y a place pour divers accents de valeurs. L'éthique, comme l'homme, transcende aussi ses expressions historiques. Au plan du consensus, j'ai évoqué un certain fond commun qui peut prendre corps par exemple dans une philosophie de base sous-jacente à une charte des droits de l'homme. Quand on pousse très loin les modalités du consensus, on aboutit vite au totalitarisme. Il n'y a plus, en pareil cas, de distance critique possible où l'éthique interroge le consensus lui-même, l'autorité et la liberté qui accompagnent celui-ci, les fins et les moyens que ce consensus définit, le cadre légal qui le codifie, la politique qui le promeut ou l'impose. L'écart éthique est donc nécessaire à tous les plans. C'est un des dynamismes par lesquels l'homme s'affirme comme tel, se juge, se libère, se comprend, se crée et se dépasse. Il faut donc lui laisser un espace libre, ouvert aux divers possibles, tout en assurant des assises minimales de consensus pour l'ensemble des membres d'une société.

7. *Une finalisation fondée, une clef de voûte*

Quand je regarde de près les « objectifs » définis par différents groupes sociaux, culturels, économiques ou politiques, je découvre que ces objectifs sont des moyens plutôt que des fins. Malgré les progrès de la conscience critique, les intervenants comme les commettants de tous ordres restent dans l'ornière de la société « instrumentale » qui développe unilatéralement une logique de moyens. Celle-ci détermine pratiquement les objectifs. C'est particulièrement frappant dans le domaine pédagogique, là où l'on devrait s'attendre à un primat plus clair de la finalisation proprement humaine. Mais non, les techniques d'apprentissage, même au plan culturel et social, enferment les objectifs dans leur corridor. Autre marque de commerce d'une mentalité technocratique plus diffusée qu'on ne le pense, chez la plupart d'entre nous.

L'absence de formation éthique en éducation, dans les groupes professionnels, dans les syndicats, dans les mouvements sociaux, dans les lieux de militantisme politique témoigne d'un appauvrissement très grave. Combien de citoyens à tous les niveaux peuvent vraiment expliciter les contenus humains des besoins, des moyens et des objectifs qu'ils défendent ? Les idées dans cette aire deviennent tout à coup vagues. Plusieurs se sont assis sur quelques repères souvent un peu simplistes, sans pouvoir les situer dans une philosophie de base articulée et défendable.

Je ne pense pas ici à de grandes théories raffinées, mais à une intelligence mieux fondée de sa vie, de son milieu, de sa société, et surtout des fins humaines à poursuivre prioritairement. On parle beaucoup des « projets éducatifs », des « projets de vie », des « projets collectifs ». Cette dynamique appelle non seulement une meilleure pédagogie de finalisation, mais aussi une philosophie des fins. Or, on ne dispose le plus souvent que d'une logique des moyens. Une logique de technicien, d'administrateur ou d'animateur. Les nouvelles identifications des intervenants professionnels, telle la toute récente : un *facilitateur*, me laissent aussi perplexe. Partout, on sent le terrible vide spirituel.

Même les idéologies, à gauche comme à droite, sont réduites à des mécanismes de compréhension, à des enjeux de structures et de pouvoir, à des techniques et des stratégies d'intervention. On nous dit bien peu sur le type d'homme et de société qu'on vise. L'incohérence des débats éthiques actuels manifeste en creux cette pauvreté philosophique de base.

Une autre interrogation-clé surgit dans ce sillage de questionnement. Partons d'un exemple concret : *le serment*. Un signe qui se veut décisif pour cautionner la parole humaine, la véracité de l'événement, et ultimement la légitimité de la société et des rapports sociaux. Le serment s'appuie sur un fondement, sur un horizon : Dieu. Le Dieu de la tradition judéo-chrétienne exprimée dans la Bible. Que se passe-t-il chez les incroyants qui posent ce geste, et chez tant d'hommes sécularisés qui ne sont plus branchés sur cette source et cette finalité ?

Est-ce possible de concevoir une éthique sans pôle décisif, sans clef de voûte des fins humaines à hiérarchiser ? Le contenu d'une éthique est-il une pure relativité culturelle, politique ou même philosophique ? Dans toutes les civilisations et dans les grandes sagesses historiques, on a dégagé un fondement et un horizon décisifs qui permettaient à une communauté humaine de se constituer autour d'un « foyer » de finalisation, et partant de cohésion. Beaucoup d'hommes modernes refusent toute forme d'absolu. À leurs yeux, les sciences ont démystifié tous les absolus. L'expérience de la diversité relative montre tous les possibles de l'homme. C'est une richesse indéniable. Mais le drame occidental d'aujourd'hui porte sur l'unité de la vie, de l'homme, de la société. On n'a qu'à voir l'éclatement actuel de l'univers social et la confusion mentale.

Je préfère parler ici d'un fondement, d'un horizon, d'un foyer décisifs plutôt que d'un absolu, trop souvent circonscrit par un système fermé. Jusqu'ici ce foyer a été religieux. D'où le formidable défi d'une éthique non religieuse qui n'a pas encore trouvé son foyer. Je ne crois pas qu'on puisse la définir sans retrouver l'intelligence du type d'expérience humaine que véhiculaient les religions.

Tour à tour on a pensé que la science, les idéologies pourraient remplacer l'instance religieuse pour définir la clef de voûte des finalités humaines d'un sujet historique. Aujourd'hui, on se rend compte que l'homme est insatisfait et coincé dans ces corridors trop étroits, que la conscience déborde le champ idéologique le plus large. Celle-ci veut un écart critique, une clef d'unité plus distanciée par rapport à la contingence historique. L'horizon humain comprend des niveaux d'expériences, des impondérables spirituels, et disons le mot, une certaine transcendance qui hausse la civilisation au-dessus d'elle-même comme une instance de développement constant.

Bien sûr, on craint ici un surplomb menaçant pour la liberté, un surplomb qui aliène de la vie réelle. On cherche une éthique horizontale, expérimentale, auto-créatrice. Mais y a-t-il vraiment une éthique sans pôle décisif, qu'il soit au-dessus ou en avant ? Certains diront « plutôt en avant... au bout de l'expérience, nous avons trop souffert des morales a priori, au-dessus, et extérieures à l'aventure humaine libre et responsable ». Mais n'y a-t-il pas dans la liberté humaine un horizon qui déborde toujours l'exercice de cette liberté ? L'éthique doit préciser un tel horizon, lui donner valeur décisive de finalité cohérente ouverte et dynamique. Une tâche énorme.

Note 1 (p. 20)

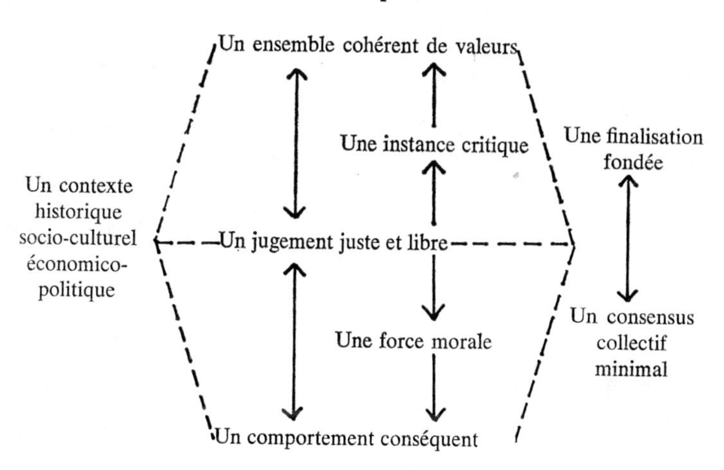

Note 2 (p. 29)

Une façon d'aborder le problème

Dix démarches nécessaires :

1. La libre expression des orientations profondes
2. Confrontation serrée des interprétations
3. Retour constant aux vécus
4. Médiation des lieux communautaires quotidiens
5. Dynamisation par l'action collective
6. Harnachement des nouvelles sensibilités culturelles
7. Exploration des divers possibles
8. Réinvention de dialectiques plus fécondes
9. Établissement de nouvelles cohérences éthiques, légales et politiques
10. Façonnement de nouveaux paradigmes.

Ce chapitre s'inscrit dans une étude plus large sur l'éthique collective : *Le privé et le public,* t. II, Leméac, 1975, pp. 371-475.

UNE MORALE COLLECTIVE À INVENTER

Claude Quiviger

Claude Quiviger a été membre des équipes de production à l'Office de catéchèse du Québec. Il est éducateur d'adultes à Montréal.

De la morale traditionnelle...

Nous sommes en train de sortir d'un certain système moral, généralement désigné par l'expression « morale traditionnelle ». Le rejet de ce système moral est profondément rejet d'une vision du monde de type essentialiste. Nous n'acceptons plus que notre existence doive s'assujettir à des principes généraux absolus et immuables, situés dans un monde intemporel, an-historique. Nous refusons de limiter l'exercice de notre liberté à la simple tâche « d'appliquer » des principes généraux absolus aux multiples circonstances de la vie quotidienne.

Vivre moralement, c'est s'accomplir, disent à juste titre tous les systèmes moraux. Mais nous ne voyons plus notre accomplissement comme une simple « conformisation » à un idéal imposé de l'extérieur ; un idéal qui, de par son caractère absolu, nous met continuellement en état d'échec... puisque nous ne sommes que des êtres relatifs.

... à une morale personnelle de responsabilité...

La conjonction du renouveau théologique, des courants philosophiques personnaliste et existentialiste et de l'apport de sciences humaines comme la psychologie a porté un rude coup à cette morale traditionnelle. Une nouvelle morale est née ou est en train de naître. Toute naissance étant aussi une rupture, l'émergence de cette nouvelle morale a semé le désarroi chez nombre de personnes habituées à se conformer, cependant qu'elle a permis à nombre d'autres de trouver enfin des catégories morales à la hauteur de leurs aspirations à l'autonomie et à la créativité.

Nous avons ainsi appris que l'être humain est un être en voie de libération, un être responsable, un être historique. Nous savons aussi le prix de solitude parfois tragique à payer pour cette autonomie et l'angoisse s'est ainsi frayé un chemin en nous. Mais, enfin, nous avons conscience d'être des vivants qui ont leur histoire à bâtir en avant d'eux, et non de pâles copies toujours ratées d'archétypes intemporels idéaux. C'est tout de même plus dynamisant. Parler d'accomplissement humain prend enfin un sens réel dans cette perspective.

Ayant « rapatrié » les valeurs sur le terrain séculier qui est leur seul vrai terrain, nous pouvons enfin vivre notre relativité et notre finitude humaines sans tomber inévitablement dans le sentiment coupable de l'échec.

Morale subjective ou de situation, dit-on parfois en brandissant le spectre de l'anarchie et du désordre généralisés. C'est, à mon avis, porter un jugement à courte vue sur cette morale libérante. C'est oublier que le nouvel homme, en se livrant au verdict de sa conscience et non aux diktats de principes généraux absolus et extérieurs à lui, le fait de façon responsable et en solidarité avec les autres. Dire de cette morale qu'elle est une morale de situation est à mes yeux lui faire compliment, reconnaître qu'elle « colle » aux vrais problèmes humains : c'est bien parce qu'elle n'était pas du tout une morale de situation que la morale traditionnelle était bien souvent lointaine et inhumaine. On aura compris que je n'exalte pas ici le subjectivisme mais l'aspect empirique, concret, historique de la morale personnelle de responsabilité. Bien entendu, il y a des anarchies, tout comme hier il y avait de monstrueuses hypocrisies. Mais du moins se trouve-t-on dans un cheminement humain et non dans un système comptable clos sur lui-même.

... vers une morale collective

Sortis du domaine intemporel des essences pour prendre pied dans le domaine historique de l'existence humaine, nous n'avons pas encore fini de chercher cependant. À mon avis, une autre révolution morale est encore à faire pour que nous possédions les « outils éthiques » nécessaires pour nous situer en vérité dans le monde d'aujourd'hui et pour apporter des réponses adéquates aux problèmes posés. Disant ceci, je ne conteste pas du tout la valeur de la morale personnelle de responsabilité. Je crois que cette morale a produit des catégories très intéressantes dans l'ordre de la morale personnelle et interpersonnelle.

Mais nous manquons d'outils éthiques adéquats pour comprendre, analyser et porter un regard éthique signifiant sur les phénomènes socio-collectifs. Ce que signifient des valeurs comme la justice, la paix, l'amour ou la réconciliation dans l'ordre personnel et interpersonnel, nous le savons assez bien. Mais nous ne savons que très peu ce que peuvent signifier concrètement ces valeurs dans l'ordre social, politique, économique ou culturel.

Ils nous le disent bien ces hommes d'affaires ou ces hommes politiques — honnêtes et sans doute aussi moraux que nous — lorsque, agacés par nos récriminations au nom des valeurs, ils nous répondent : « Les affaires sont les affaires. La vie politique a ses lois. Le reste, vos discours sur la justice et la paix, ce ne sont que des sentiments ». Sentiments... donc sans importance, sinon parce que jusqu'à présent ces hommes, en réponse à leurs questions éthiques dans l'ordre professionnel, n'ont pas entendu de propos adéquats, aptes à saisir de l'intérieur et à traiter de façon moralement réaliste les problèmes rencontrés. Alors, c'est la loi de la jungle. Allez donc parler de dialogue interpersonnel au cœur d'une campagne électorale ou d'une période de maraudage syndical sur un chantier... La plupart des moralistes sont très discrets là-dessus, avouant leur impuissance quand, du moins, ils y sont sensibilisés. D'ailleurs je crois que le silence vaut bien mieux que des propositions morales bien intentionnées et inadéquates : c'est moins « discréditant » pour l'éthique en général.

En ce domaine, il ne suffit pas d'extrapoler les catégories de la morale personnelle ou interpersonnelle au domaine collectif. Ces catégories ont leur valeur en leur domaine propre mais sont des outils inadéquats dans le domaine socio-politique. Il me semble que là précisément se trouve le principal défi de la recherche morale d'aujourd'hui. La société actuelle ne cesse d'apporter ou de créer de nouveaux problèmes d'organisation qui ont une incidence morale certaine.

Je crois que la psychologie ou les courants philosophiques personnaliste et existentialiste ne suffisent pas à rendre totalement compte de la perception qu'a l'homme de lui-même, en particulier au plan de l'organisation de la vie collective, une organisation de plus en plus complexe et de plus en plus déterminante pour la vie privée elle-même. Heureusement de nouveaux courants culturels et philosophiques se font jour, fortement influencés par les sciences sociologiques, économiques et politiques. À vrai dire nous sommes ici très redevables à l'analyse faite de la société par Marx et, ensuite, par les penseurs socialistes. Ces nouveaux courants — tout comme les courants personnaliste et existentialiste ont servi de support à la morale personnelle de responsabilité — peuvent aussi servir de support à un langage moral signifiant au plan de la vie collective. Mais cette création éthique est encore à faire : pour l'heure, nous sommes encore incapables de donner des réponses valables aux défis moraux inhérents aux problèmes humains collectifs (répartition des richesses nationales, systèmes économiques, organisation des soins sociaux, problèmes collectifs politiques posés par les découvertes médicales, épuisement des ressources naturelles, disparités internationales, participation sociale des citoyens, etc.). Nous sommes démunis au plan du traitement éthique des problèmes sociaux, économiques et politiques. Cependant ce n'est pas le désert absolu : je crois que l'encyclique *Populorum progressio*, en proclamant que le nouveau nom de la paix est le développement, ouvre une perspective intéressante de morale collective, nettement démarquée de la morale personnelle ou interpersonnelle. Ceci est un exemple parmi bien d'autres. En particulier, il y aurait sans doute beaucoup à apprendre auprès des chrétiens engagés dans le sociopolitique et qui ont dû se faire une morale pour leurs engagements. Mais peut-on dire que l'émergence de la question ici et là constitue une réponse adéquate et cohérente à ce niveau ? Nombre de moralistes parlent plutôt de tâche à réaliser encore que de travail déjà fait.

En somme, — tout comme la morale personnelle de responsabilité a su intégrer progressivement l'apport de la psychologie et des philosophies personaliste et existentialiste pour comprendre et analyser les motivations profondes de tout acte humain et, en conséquence pour aider les individus à « faire la vérité » de leurs actes —, de même la recherche éthique est-elle encore confrontée au défi de réaliser une intégration analogue d'autres sciences humaines (économie, sociologie, philosophies politiques, anthropologie, sciences de l'environnement, démographie, etc.) pour aider les individus et les collectivités à « faire la vérité » de leur vivre-ensemble. Ceci est le prix à payer, un prix minimal, pour être dans l'histoire humaine.

Une conséquence : la compétence des moralistes

Une morale historique se doit d'être une *morale compétente* si elle veut coller à l'histoire et prononcer une parole qui ait quelque sens. Être compétent, cela signifie connaître profondément les sciences qui nous permettent de comprendre réellement ce qu'est l'expérience humaine, tant collective qu'individuelle. Cela signifie que les créateurs de la morale ne peuvent plus être uniquement les spécialistes traditionnels de la morale sans la contribution directe des scientifiques. Car le discours scientifique a sa place dans la définition de la morale. Ceci risque de bouleverser la pratique quotidienne de la recherche morale et pas seulement les résultats.

Après tout, d'où nous viennent aujourd'hui les questions morales les plus cruciales ? Des hommes comme Jean Rostand et Konrad Lorenz, biologistes, Marc Oraison, médecin-psychiatre-théologien, ou encore des savants économistes, mathématiciens et autres du Club de Rome et d'ailleurs sont aujourd'hui des voix très écoutées de par la façon dont ils posent les questions morales issues de leurs découvertes dans leurs domaines scientifiques respectifs. L'ère du « moraliste généraliste » est révolue. Vient le temps des « moralistes spécialisés » ou, mieux encore, des équipes multidisciplinaires de recherche morale.

Je crois que nous sommes là au cœur des vrais problèmes humains et donc moraux d'aujourd'hui... et bien loin de « l'ornière sexuelle » à laquelle se limitent encore trop souvent et parfois obsessivement les débats moraux.

UNE MÉTHODOLOGIE ÉTHIQUE

Pierre Fortin

Pierre Fortin est professeur d'éthique au Département des sciences religieuses de l'Université du Québec à Rimouski. Ses recherches sont surtout consacrées à l'étude du mécanisme de production des morales ; elles portent également sur la relation combinée, avec l'éthique, de l'esthétique et de l'imagination.

Voici brièvement quelques pistes de recherche qui sont susceptibles d'alimenter une méthodologie éthique. La problématique qui la fonde tient à une lecture de l'utopie, et de l'utopie socialiste en particulier. L'utopie socialiste peut être définie comme une proposition historique qui présente un type d'existence sociale autre et meilleure, par rapport aux coordonnées idéologiques de la société qu'elle conteste. Tout en l'adaptant à ses propres objectifs, cette méthodologie veut emprunter la grille de lecture utopique qui comprend trois temps : l'énonciation, la dénonciation et la proposition. Dans un premier temps, l'utopiste socialiste essaie de démonter le mécanisme social pour découvrir comment il fonctionne ; son diagnostic l'amène ensuite à dénoncer ce qui ne va pas, au nom de la dignité de l'homme ; enfin, fort de cet acquis, il propose, c'est-à-dire il pose en avant, le projet d'une nouvelle société.

Nous ne voulons pas tirer une conclusion définitive de l'analyse du fait moral, telle que présentée dans les pages qui suivent. Grâce à cette méthodologie, nous espérons plutôt élargir le champ de la problématique morale, et sensibiliser l'éthicien à certains aspects qu'il est porté trop souvent à oublier.

Notre méthodologie poursuit des objectifs précis. Nous voulons dépasser le champ de vision morcelante des sciences humaines et démonter le mécanisme social qui donne naissance au discours moral afin de démystifier les principes et les finalités qu'elles nous présentent. Nous voulons retrouver les caractères culturels, historiques et « terrestres » de l'éthique. Nous visons également la réalisation progressive d'un discours éthique au-delà des intérêts du pouvoir répressif. Enfin, nous estimons essentiel de faire intervenir l'imaginaire au cours de la constitution d'un tel discours. D'abord, parce que « c'est toujours dans les caves de l'oppression que se préparent les vérités nouvelles » ; [1] ensuite, nous relions obligatoirement la libération humaine totale à la valorisation et à l'accession de l'imaginaire [2] au discours de l'homme sur la signification de ses praxis.

Nous proposons une méthodologie éthique qui comprend quatre principaux moments. Les différentes démarches qui la constituent connaissent, dans l'application de la méthode, un certain mouvement de va-et-vient. Pourquoi ? Parce qu'il n'est pas toujours facile de préciser, d'une façon certaine et définitive, quand elles commencent et quand elles se terminent. C'est ce qui explique le mouvement des flèches dans les schémas qui accompagnent chaque étape de notre recherche. Notons également qu'aucun moment dans l'analyse d'un fait moral (théorie et praxis) ne peut être considéré sans aucune relation avec d'autres ensembles analytiques. Les schémas qui suivent tentent d'exprimer visuellement cet autre aspect important de notre méthodologie éthique.

Nous tenons à affirmer clairement que la démarche intellectuelle que nous proposons situe volontairement ses opérations dans un lieu théorique compris entre deux praxis. Et pour être plus précis, il faut souligner dès le début qu'il y aurait danger d'aboutir à un esthétisme anesthésiant ou à un pur relativisme si le moment 4 était refusé ou passé sous silence. Le point de départ et d'arrivée de cette méthodologie, c'est la praxis. La théorie constitutive de cette méthodologie est axée sur une liberté à conquérir, non sur une liberté qui serait toute faite d'avance.

Elle ne se présente pas seulement comme un effort de compréhension du donné, (ce qui est actuellement, ici et maintenant) mais aussi comme une projection de ce qui pourrait être autrement. Ainsi cette méthodologie contient dans un troisième moment la théorie non d'un ordre donné, mais d'un ordre à faire.

Bref, la théorie constitutive de cette méthodologie propre à l'éthicien n'est pas exclusivement et finalement la théorie scientifique de l'ordre dont on part, mais celle que l'on s'efforce de construire à partir des germes de libération présents dans le vécu social et personnel.

Le moment 1

Dans un premier moment de son analyse, l'éthicien débroussaille tous les éléments qui guident, normalisent et enclenchent une praxis particulière. C'est le stade de l'observation, de la constitution d'un « fait » moral déterminé. L'observation se fait attentive au matériel recueilli dans son environnement axiologique. Il s'agit de considérer le fait moral en lui-même (théorie et pratique) et de le situer d'après ses propres coordonnées.

La méthodologie telle que proposée par Ralph Potter[3] nous semble se situer dans cette perspective. L'éthicien dégage quatre éléments qui sous-tendent tout mode d'action : les faits, les valeurs prioritaires, le mode de raisonnement éthique et les croyances quasi théologiques. La morale nous apparaît toujours située et situante ; c'est pourquoi la science du fait moral est possible et obligatoire pour conquérir une liberté sans cesse à refaire.

L'éthicien pose d'abord toute une série de pourquoi et de comment. Pourquoi telle action au lieu de telle autre ? Au nom de quoi est-elle accomplie ? Quelle est la signification qu'on lui donne ? Quand et où est-elle réalisée ? Comment se fait le processus d'ajustement des croyances, des préjugés, des besoins, des contraintes et des théories, etc., avec telle action ? Le fait moral est soumis à ce premier niveau de questionnement, qui en appellera un autre dans le second moment de la méthodologie.

Ce type d'analyse, nous le proposons dans la mesure du possible, comme étant le résultat d'une enquête multidisciplinaire. Les différentes lectures que peuvent proposer la théologie, la philosophie et les autres sciences humaines (la psychologie, la psychanalyse, l'anthropologie, la sociologie, les sciences économiques, etc.) sont nécessaires pour une meilleure intelligence du fait moral. Toutefois, l'éthicien ne se présente pas comme un pur répétiteur de ce que toutes ces branches du savoir de l'homme sur l'homme peuvent lui apporter d'explications. Il sait que le sociologue ou l'économiste par exemple engage lui aussi la problématique idéologique dans les questions qu'il pose sur l'homme. Pas plus qu'il n'est d'enregistrement parfaitement neutre, il n'est de question et de réponse absolument neutres. L'éthique est présente au sein même du discours scientifique sur l'homme.

Après avoir étudié le mécanisme de production d'une praxis, le premier moment de cette méthodologie éthique se termine sur un soupçon, qui invite à poursuivre la recherche :

> Nous croyons féconde cette idée que la vie sociale doit s'expliquer, non par la conception que s'en font ceux qui y participent, mais par des causes profondes qui échappent à la conscience. [4]

L'observation, l'analyse et la critique d'un fait moral particulier au plan d'une axiomatique morale doit amener l'éthicien à considérer une autre aire de réflexion : celle où nous nous interrogeons sur la manière dont émerge le sens global dans une culture, une société et une personnalité.

moment 1
(fait moral)

Comme éthiciens, si nous voulons faire de la morale une vraie science, il faut dégager les racines historiques qui ont donné naissance à cette morale occidentale, actuellement remise en cause. Mais comment procéder ? Nietzsche, Marx et le Freud du *Malaise dans la civilisation* peuvent nous suggérer quelques orientations. Il ne faudrait toutefois pas nous limiter à ces seuls guides. Certains élargissements de leur problématique sont nécessaires.

Nietzsche parle d'une exigence nouvelle à introduire dans la réflexion morale, exigence susceptible, d'après lui, d'ouvrir d'immenses possibilités culturelles :

> Énonçons-la, cette exigence nouvelle : nous avons besoin d'une critique des valeurs morales, et la valeur de ces valeurs doit tout d'abord être mise en question — et, pour cela, il est de toute nécessité de connaître les conditions et les milieux qui leur ont donné naissance, au sein desquels elles se sont développées et déformées (la morale en tant que conséquence, symptôme, masque, tartuferie, maladie ou malentendu ; mais aussi la morale en tant que cause, remède, stimulant, entrave, ou poison), connaissance telle qu'il n'y en a pas encore eu de pareille jusqu'à présent, telle qu'on ne la recherchait même pas. On tenait la valeur de ces « valeurs » pour donnée, réelle, au-delà de toute mise en question ; et c'est sans le moindre doute et la moindre hésitation que l'on a, jusqu'à présent, attribué au « bon » une valeur supérieure à celle du « méchant », supérieure au sens du progrès, de l'utilité, de l'influence féconde pour ce qui regarde le développement de l'homme en général (sans oublier l'avenir de l'homme). [5]

Nous retenons surtout de cette affirmation de Nietzsche l'urgence d'une recherche sur l'historicité de la morale (ou des morales) pour connaître les différents facteurs qui lui (ou leur) ont donné naissance et ceux qui ont amené sa (ou leur) décadence. Cette étude reste à faire, et personne jusqu'à présent nous semble avoir répondu à cet appel de Nietzsche. Une rigoureuse analyse de la morale doit être faite avant d'envisager la « fabrication » de morales nouvelles, qui, à défaut de cette recherche théorique, risquent d'être tout simplement désastreuses pour l'humanité. La morale de l'environnement en est un exemple très actuel.

Marx peut servir de guide très utile dans cette recherche scientifique, car il a su voir que ce n'est pas dans l'évolution générale de l'esprit humain qu'il faut d'abord placer la « chose sociale », mais dans l'existence des forces de production qui sous-tendent les sociétés. Quant à nous, nous estimons que ce n'est pas uniquement et d'abord dans l'évolution générale de l'esprit humain qu'il faut voir la cause de notre morale sociale et individuelle, mais dans l'existence des rapports sociaux de production :

> Dans la production sociale de leur existence, les hommes nouent des rapports déterminés, nécessaires, indépendants de leur volonté ; ces rapports de production correspondent à un degré donné du développement de leurs forces productives matérielles. L'ensemble de ces rapports forme la structure économique de la société, la fondation réelle sur laquelle s'élève un édifice juridique et politique et à quoi répondent des formes déterminées de la conscience sociale. Le mode de production de la vie matérielle domine en général le développement de la vie sociale, politique et intellectuelle. Ce n'est pas la conscience des hommes qui détermine leur existence, c'est au contraire leur existence sociale qui détermine leur conscience. [6]

La grille de lecture du matérialisme historique nous semble utile pour réaliser une certaine systématisation de l'historicité de la morale.

Avant d'entreprendre cette recherche, l'éthicien, comme le souligne Émile Durkheim, doit s'affranchir « des fausses évidences qui dominent l'esprit du vulgaire » pour établir sa problématique sur les choses avant de le faire sur les idées :

> Ainsi toutes les questions que se pose d'ordinaire l'éthique se rapportent-elles, non à des choses, mais à des idées ; ce qu'il s'agit de savoir, c'est en quoi consiste l'idée du droit, l'idée de la morale, non quelle est la nature de la morale et du droit pris en eux-mêmes. Les moralistes ne sont pas encore parvenus à cette conception très simple que, comme notre représentation des choses sensibles vient de ces choses mêmes et les exprime plus

> ou moins exactement, notre représentation de la morale vient du spectacle même des règles qui fonctionnent sous nos yeux et les figure schématiquement ; que, par conséquent, ce sont ces règles et non la vue sommaire que nous en avons, qui forment la matière de la science, de même que la physique a pour objet les corps tels qu'ils existent, non l'idée que s'en fait le vulgaire. Il en résulte qu'on prend pour base de la morale ce qui n'en est que le sommet, à savoir la manière dont elle se prolonge dans les consciences individuelles et y retentit. [7]

C'est à ce niveau que peuvent intervenir les soupçons de la psychanalyse. Freud amène l'éthicien à considérer le rôle thérapeutique qu'a joué l'éthique dans l'histoire de la civilisation occidentale :

> Le Surmoi collectif a élaboré ses idéals et posé ses exigences. Parmi ces dernières, celles qui ont trait aux relations des hommes entre eux sont résumées par le terme général d'Éthique. De tout temps, l'on a attaché la plus grande valeur à cette dite éthique, comme si on attendait d'elle qu'elle dût accomplir de grandes choses. Elle s'attaque, en effet, il est aisé de s'en rendre compte, au point le plus faible de toute civilisation. Il convient donc de voir en elle une sorte de tentative thérapeutique, d'effort d'obtenir, à l'aide d'un impératif du Surmoi, ce que la civilisation n'avait pu obtenir par le moyen d'autres disciplines. [8]

Un inventaire de ces « tentatives thérapeutiques » historiques nous semble devoir être fait d'après les trois sources d'où, selon Freud, découle la souffrance humaine : « la puissance écrasante de la nature, la caducité de notre propre corps et l'insuffisance des mesures destinées à régler les rapports des hommes entre eux » [9]. Pour Freud, « l'histoire des hommes est l'histoire de leur répression », et, dans son esprit, « une telle contrainte est justement une condition préalable du progrès ».

L'éthicien doit donc être attentif à ce qu'un fait moral (théorie et pratique) peut être le produit plus ou moins défini d'un ensemble culturel, historique et social. Le moment 2 de la méthodologie éthique lui permettra de préciser s'il y a lieu cet aspect important de la production morale dans une société.

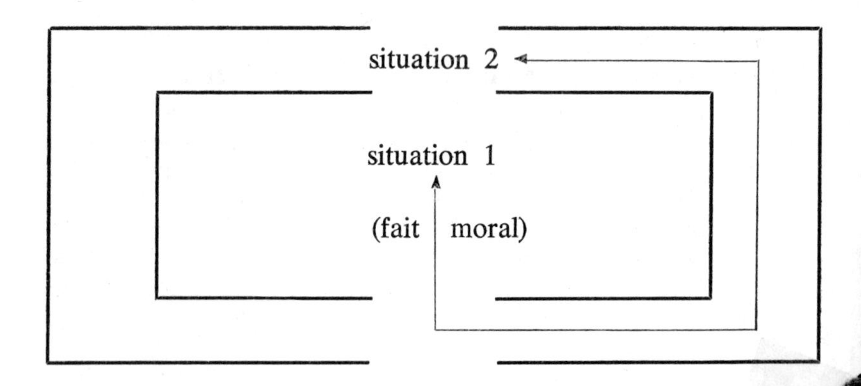

Le moment 3

Mais il y a plus à faire. Le fait moral doit être considéré dans le réseau des catégories du possible. Le rôle de l'éthicien en est un de libération, et de libération dans la vérité.

Nous estimons que la morale marxiste et la morale chrétienne sont à situer historiquement et à compléter. Dans le marxisme et l'Évangile, il nous semble y avoir, contenus en germe, des éléments qui peuvent favoriser la libération structurale et personnelle. Mais il faut aller plus loin.

En ce qui concerne le marxisme, deux remarques s'imposent. Premièrement, l'abolition de la propriété privée ne suffit pas pour changer l'homme ou ses institutions répressives : l'avènement du communisme tel que pratiqué en URSS le prouve. Deuxièmement, la critique marxiste reste à compléter parce que, dans un certain sens, Karl Marx est moins « scientifique » que l'utopiste Charles Fourier. Pour opérer la grande révolution, Marx nous enseigne qu'il faut agir essentiellement sur les rapports de production, alors que selon l'utopiste Charles Fourier la vraie révolution doit porter « sur l'industrie et les passions à la fois ». Il manque à Karl Marx, comme le souligne Edgar Morin, « le noyau de psyché qui vienne s'accoler au noyau de l'homo faber ». [10]

La morale chrétienne doit être révisée parce qu'elle ne reflète pas assez les conséquences concrètes, pour ce monde-ci, de cette vie nouvelle qui est celle des enfants de Dieu. Elle n'a pas encore exploité tout le dynamisme contenu dans la Résurrection. Oubliant le contenu prophétique et utopique de l'Évangile, elle a parfois tendance à se mouler parfaitement dans le Système.

L'interprétation freudienne de la civilisation nous apparaît elle-même historique. Marcuse souligne que :

> Le fait que Freud nie constamment la possibilité d'une libération essentielle du principe de plaisir implique la supposition que la pénurie est comme la domination permanente. Mais il semble que ce soit justement cela qu'il faut démontrer. [11]

L'idée d'une civilisation non répressive est possible parce que le stade de la pénurie est dépassé. Il nous faut donc distinguer entre répression et sur-répression : la première est liée à la survivance de la race humaine et la seconde n'est que purement historique, c'est-à-dire relative à une organisation spécifique de la lutte contre la pénurie.

Au moment 3 de la méthodologie éthique, nous abordons ce qui pourrait être appelé le moment utopique. Ici et pour un temps, le discours éthique ne peut pas recevoir l'épithète traditionnel de scientifique. Et nous verrons pourquoi.

D'après Charles Fourier, l'éthicien doit appliquer sur la Civilisation deux grilles complémentaires l'une de l'autre : le Doute absolu et l'Écart absolu :

> Il faut donc appliquer le Doute à la Civilisation, douter de sa nécessité, de son excellence et de sa permanence. Ce sont là des problèmes que les philosophes n'osent pas se proposer, parce qu'en suspectant la Civilisation ils feraient planer le soupçon sur la nullité de leurs théories, qui toutes se rattachent à la Civilisation, et qui tomberaient avec elle du moment où l'on retrouverait un meilleur Ordre Social pour la remplacer. [12]

Le Doute absolu [13] s'accompagne, il va de soi, de l'Écart absolu par rapport à une problématique élaborée autour des intérêts du trône et de l'autel. Fourier estime qu'il faut assurer le passage d'une morale qui n'a pas su procurer le bonheur à une éthique de la réconciliation, de l'harmonie, et de l'imagination. L'éthicien est invité à procéder à une révision globale de la manière d'être homme et de vivre en société. L'éthique nouvelle, la « morisophie » dans le langage fouriériste, [14] s'appliquera à introduire la passion dans l'industrie comme dans toutes les activités des hommes, ce qui pourrait peut-être changer la qualité de l'existence humaine.

Une fois de plus, l'éthicien dénoncera s'il y a lieu la fausse neutralité des sciences humaines dont il tente de saisir la portée du discours [15]. Il sait que le logos de ces sciences comme le sien d'ailleurs, font partie dans une certaine mesure du grand Ça qui fonctionne et qui parle. Tout discours est limité par le schème opératoire des questions et des réponses que se donne une culture donnée.

Au moment 3, l'éthicien rêve, imagine et joue. Il s'éloigne du réel immédiat, du réel de surface, (peut-être faussement réel) pour proposer une utopie, une autre façon possible d'être homme. [16] Sa mission dans la société consiste à inquiéter ses contemporains et à assurer chez eux une qualité d'existence susceptible d'en faire des « inadaptés permanents ». Le moment 3 rejoint l'expérience de la fête et sa pédagogie ; c'est l'introduction d'un tiers pouvoir : le pouvoir de l'imagination esthétique à côté du pouvoir scientifique et du pouvoir industriel. [17] L'éthicien apparaîtra comme un « écartelé social » ne pouvant pas s'accommoder de l'arbitraire de la réalité telle qu'elle est imposée par les systèmes de légitimation qui justifient une société. C'est un homme animé par le *ne-pas-encore*, parce qu'il ressent le besoin de réviser certaines coordonnées du jeu social. Il passe au tamis du doute la définition historique de la nécessité telle que la véhicule l'esprit de ses contemporains. On constatera qu'il veut nous détacher de certaines mœurs ; parce qu'il a le sens des « possibles latéraux », il montre le caractère arbitraire des réalités sociales, économiques, politiques et religieuses.

Dans le moment 3, l'éthicien assurera au sein de la société la circulation vitale de l'imaginaire, en dévoilant les possibles concrets qui germent dans notre société. Tel est le sens de cette troisième démarche, susceptible d'élargir, en vue d'une meilleure conquête de la liberté, l'éventail des options humaines.

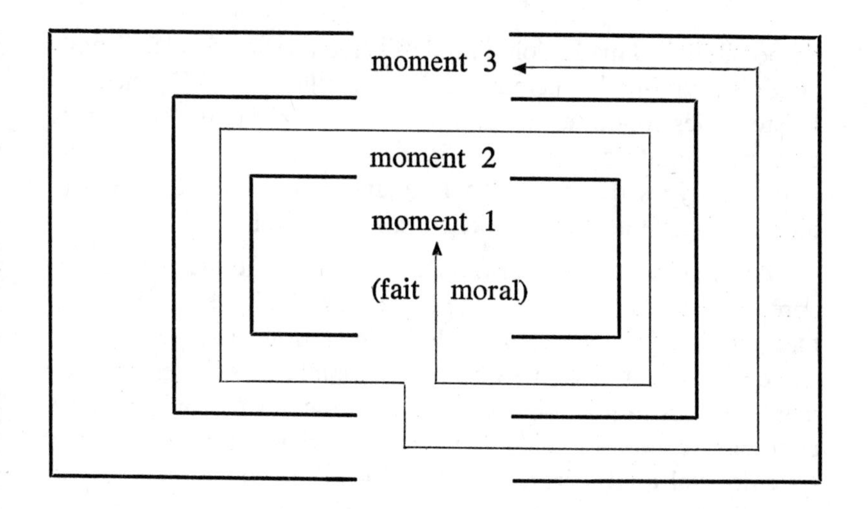

Le moment 4

Le moment 4, c'est celui de la présentation des différentes options qui peuvent parfois dépasser la science, parce que la morale est une projection de notre société et de sa répression, de notre savoir et de notre espérance ; elle est aussi le signe de notre ignorance et de notre inquiétude. Cela, l'éthicien pourra davantage le manifester clairement au cours de l'application de cette méthodologie.

L'éthicien apparaîtra dans la société comme un veilleur, un guetteur, un éveilleur et un « ministre de l'inquiétude » ; il connaîtra, sans aucun doute, le sort que la société réserve aux prophètes et aux utopistes, car il entretient avec ces gens-là une amitié suspecte aux yeux des pontifes et des grands prêtres du Système. Il devra payer le prix de sa vérité, car il devra refuser les adéquations absolues de la vérité historique (qu'il prétendra être telle) avec la Vérité. Son rôle dans la cité n'est pas de stopper l'action des hommes, mais de montrer les limites et les conséquences de leur praxis.

L'éthicien, grâce à cette méthodologie qui, à l'expérience, connaîtra des corrections et des réajustements nécessaires, sera en mesure, nous semble-t-il, d'apporter un peu plus d'ouvertures et de possibilités dans le domaine de l'axiomatique morale. Il nous conduira vraisemblablement à une meilleure intelligence de l'histoire des conduites humaines et du mécanisme des influences culturelles, politiques, économiques, sociales et religieuses sur différents types de praxis qui font une civilisation. Il facilitera ainsi l'avènement d'un certain pluralisme moral.

Au service de la libération de l'homme, l'éthicien évitera, après cette vaste entreprise analytique et synthétique, de demeurer bien au chaud dans les salons de l'académisme. Pour être digne de confiance, son discours doit porter les marques de ses engagements, de ses inquiétudes, de son espérance et de sa joie. Il ne peut pas se réfugier bien longtemps derrière la froidure d'un système quel qu'il soit. Dans un tel cas, des prophètes se lèvent et se lèveront pour démasquer son imposture. Camillo Torres souligne fort à propos :

> Heureusement, pendant que l'intellectualité révolutionnaire discute sur le sexe de la révolution, en cherchant sa « Formule exacte », le peuple l'a trouvée au milieu des souffrances, avec la conscience d'être exploité, persécuté, humilié. [18]

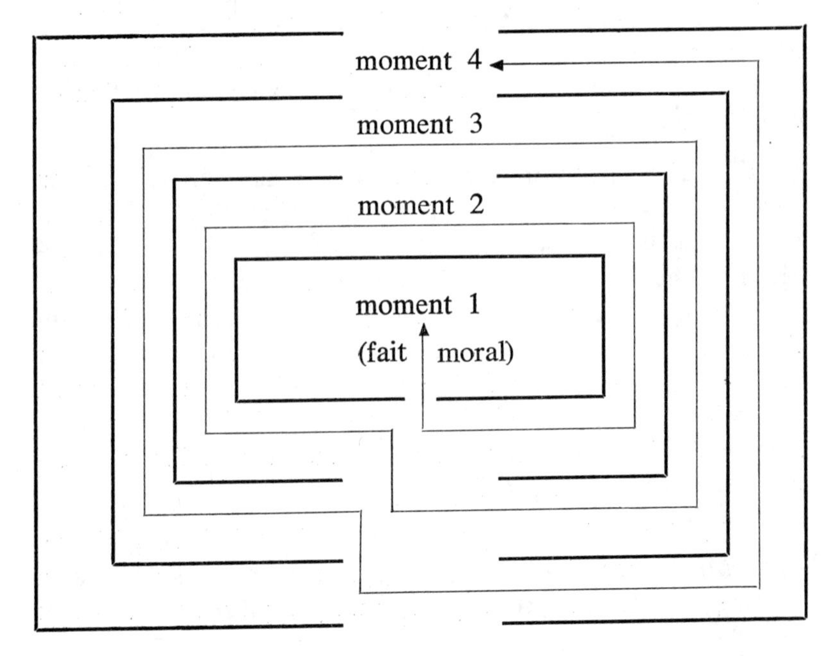

Nous pensons que la responsabilité de l'éthicien est immense si on s'avise de le prendre au sérieux. Il y a un temps pour mettre en lumière le jeu social qui est devenu oppressif pour l'homme et la femme. Toutefois, il y a aussi un temps pour démystifier le mirage d'une terre promise, qui peut aveugler certains hommes s'embarquant pour un pays transfiguré par les exigences de la justice et de l'amour.

Notes

1. Antoine de Saint-Exupéry, *Lettre à un Otage*, Paris, Gallimard, 1962, pp. 70-71.

2. L'imaginaire est le produit de l'imagination. Nous définissons celle-ci comme cette puissance mystérieuse permettant à l'homme et à la femme de se soustraire au déjà vu, au réel de surface, pour aller chercher au cœur même des choses de la terre, les soupçons, les forces sauvages de la vie et les promesses de bonheur bafouées qu'elles gardent en réserve.

3. Ralph Potter, *War and Moral Discourse,* Richmond, John Knox Press, 1970, pp. 31-32.

4. A. Labriola, « Essai sur la conception matérialiste de l'histoire », dans *Revue Philosophique* XLIV (1897), p. 648.

5. Friedrich Nietzsche, *La généalogie de la morale,* (Coll. Idées, 113), Paris, Gallimard, 1964, no 6, pp. 16-17.

6. Karl Marx, *Critique de l'économie politique*, dans *Oeuvres choisies*, tome II, Paris, Gallimard, 1963, p. 9.

7. Émile Durkheim, *Les règles de la méthode sociologique*, Paris, P.U.F., 1963, pp. 23-24.

8. Sigmund Freud, « Malaise dans la civilisation », dans la *Revue française de psychanalyse* (1970), p. 77.

9. *Ibid.*, p. 28.

10. Edgar Morin, *Introduction à une politique de l'homme,* (coll. politiques 29), Paris, Seuil, 1965, p. 17.

11. Herbert Marcuse, *Éros et civilisation*, (coll. points, 22) Paris, Les Éditions de Minuit, 1971, p. 129.

12. Charles Fourier, *Théorie des quatre mouvements et des destinées générales,* Paris, Anthropos, 1966, p. 4.

13. Si nous estimons que le doute de Fourier est difficile à réaliser, celui de Descartes peut nous être utile. Cf. René Descartes, *Discours de la méthode/Méditations* (coll. 10/18, 1), Paris, Union Générale d'Éditions, 1963, pp. 46-49. Le doute proposé par Nietzsche est un peu plus audacieux que celui de Descartes. Selon lui, la morale comme telle est problématique.

14. Pourquoi pas l'éthicologie ?

15. Pierre Bourdieu, Jean-Claude Chamboredon et Jean-Claude Passeron, *Le métier de sociologue*, vol. 1, Paris, Mouton-Bordas, 1968, pp. 68-77.

16. Cette autre façon possible d'être homme peut tout simplement avoir été oubliée au cours des âges. Le passé renferme des germes de la libération.

17. Claude-Henri de Saint-Simon, *Le nouveau christianisme et les écrits sur la religion*, textes choisis et présentés par Henri Desroches, Paris, Seuil, 1969, p. 31. L'utopie saint-simonienne s'articule autour d'un humanisme à triple dimension : l'homo sapiens, l'homo faber et l'homo ludens.

18. G. Vaccari, *Théologie et révolution*, traduction de Constance Thompson (coll. 10/18, 539-540-541), Paris, Union Générale d'Éditions, 1971, p. 100.

UNE MÉTHODOLOGIE DU SENS

Jacques Ferland

Jacques Ferland est professeur de théologie morale au Département de théologie de l'Université du Québec à Trois-Rivières. Sa recherche porte sur l'évolution du concept d'objectivité en théologie morale, à l'époque contemporaine. Il garde par ailleurs un intérêt pour un champ d'activité plus immédiatement pastoral.

Un nombre important de théologiens rejettent aujourd'hui l'idée d'un ordre moral immuable, éternel et absolu qui s'exprimerait en des règles morales « opératoires » également immuables, éternelles et absolues. Pourtant, la communauté nous semble avoir encore besoin d'un éclairage spécifique sur les grands problèmes moraux de notre temps.

S'il en est ainsi, nous avons besoin d'une méthodologie renouvelée pour évaluer le plus objectivement possible la moralité des comportements humains particuliers. En effet, la méthodologie classique avec sa démarche déductive et l'importance accordée à l'« objet », à la matérialité de l'acte, nous paraît insuffisante et même inadéquate aujourd'hui. Les principes complémentaires (et, à mon sens, correctifs) de cette méthodologie classique de base (comme le principe de l'action à double effet, le principe de totalité et autres semblables) ne suffisent plus ; d'autant plus que, contrairement à la morale classique, nous n'avons plus simplement à justifier des règles morales déjà admises depuis longtemps, mais aussi et surtout à affronter une culture en pleine mutation ; et, par conséquent, à remettre en question certaines règles morales traditionnelles ou encore à formuler des solutions inédites pour des problèmes radicalement nouveaux.

En proposant ce que j'appellerai « une méthodologie du sens », je crois me situer dans la ligne de tout un courant éthique contemporain, même au sein de la théologie morale catholique.

1 – L'élément caractéristique fondamental de cette nouvelle méthode

Cette méthodologie se propose d'évaluer GLOBALEMENT chaque comportement particulier, en prenant en considération pour cette évaluation tous les éléments qui le constituent comme entité morale, et non seulement ni d'abord sa matérialité. Elle vise à découvrir le « sens », la « signification » morale d'une action, sens ou signification qui ne peuvent être que « globaux » ; c'est-à-dire que la signification proprement « morale » d'une action humaine particulière ne peut résulter que de toutes ses composantes (objet, circonstances objectives, fins objectives et conséquences objectives).

Comme le fait remarquer le théologien américain Richard McCormick, « le problème des normes ou règles de conduite (...) est fondamentalement le problème de la signification ou du sens des actions humaines ». [1]

La mise en œuvre de cette méthodologie de base implique un certain nombre de choses :

a) Tout d'abord, il faut distinguer clairement le mal « physique » ou « prémoral » [2] et le mal proprement « moral ». Le mal que peut comporter ou entraîner un comportement n'est pas toujours « moral » au sens propre du mot. En fait, cette distinction existait déjà, au moins implicitement, dans la morale classique, puisqu'on reconnaissait qu'on pouvait causer certains maux « physiques » sans poser un acte objectivement immoral ; les règles casuistiques concernant l'homicide direct et indirect sont significatives à cet égard. Tuer un être humain est sûrement un mal « prémoral » important ; pourtant un tel acte était considéré comme moralement bon dans divers cas de légitime défense. C'est pour cette raison, sans doute, que le théologien américain C.E. Curran propose d'utiliser l'approche de la légitime défense pour solutionner certains problèmes moraux. [3]

La méthodologie que nous proposons implique donc tout d'abord que la signification proprement morale d'un acte particulier ne soit pas dégagée uniquement à partir d'un ou l'autre de ses aspects « prémoraux », mais de l'ensemble de ces aspects.

b) Ensuite, il importe de respecter la globalité de l'évaluation morale, c'est-à-dire de tenir compte de TOUS les éléments en jeu dans un comportement : matérialité de l'acte, y compris sa dimension biologique, s'il y a lieu, conséquences mauvaises prévisibles, et non seulement fins ou conséquences bonnes. Autrement, nous verserions dans l'excès contraire ; ce que certains font allègrement en ne prenant en considération que les conséquences bonnes, sans tenir compte des conséquences mauvaises ni de la matérialité de l'acte et du mal « prémoral » qu'elle comporte. [4]

c) Enfin, la mise en œuvre de cette méthodologie de base implique un certain CALCUL, une certaine mise en relation des divers facteurs dont nous avons parlé. Certains parlent, en ce sens, de la « raison proportionnée ». Le théologien allemand Bruno Schuller dira, par exemple, que « pour une raison proportionnée, nous pouvons *permettre* un mal moral », mais « que nous pouvons vouloir et causer directement un mal non moral s'il y a une raison proportionnée pour le faire ». [5]

La méthodologie proposée cherche donc à découvrir le juste équilibre entre les divers éléments de l'acte avant de porter un jugement sur la signification « morale » de cet acte. Ce qui est vraiment nouveau ici c'est d'accepter de *re-découvrir* le juste équilibre entre les divers éléments de l'acte, en fonction de connaissances nouvelles ou en raison d'une mutation substantielle du contexte global.

2 – *Indications méthodologiques complémentaires*

Jusqu'ici nous n'avons fait qu'indiquer l'élément caractéristique et l'objectif fondamental de la méthodologie nouvelle. En cela, nous ne faisions que corriger sur un point la méthodologie classique. Voici maintenant quelques indications méthodologiques complémentaires.

a) *Une évaluation objective des conséquences*

En premier lieu, il faudrait accorder plus d'mportance que par le passé aux conséquences bonnes et mauvaises qui pourraient résulter d'un comportement particulier. Le CONSÉQUENTIALISME gagne la faveur de plusieurs moralistes catholiques, spécialement aux États-Unis, mais aussi en Europe. [6]

Tout en rejetant ce qu'on peut appeler le « conséquentialisme pur », qui ne tient compte que des conséquences (et, généralement, que des conséquences jugées favorables), je propose d'accorder aux conséquences prévisibles à court et à long terme, pour la personne et/ou la communauté des personnes, une importance beaucoup plus importante que par le passé dans le jugement de valeur à porter sur la moralité d'un comportement particulier ; et à TOUTES les conséquences, bonnes et mauvaises. Cette dimension « conséquentialiste » de la méthodologie proposée constitue, en quelque sorte, une sorte de renversement des perspectives par rapport à la méthodologie classique du fait qu'elle oriente davantage l'attention vers l'avenir ; spécialement quand il s'agit de porter un jugement de valeur morale sur un comportement nouveau (en lui-même ou dans son contexte). Par exemple, l'évaluation morale d'un comportement comme l'insémination artificielle humaine exige que nous pesions attentivement les conséquences prévisibles d'une telle pratique, dans le contexte présent.

b) *Un recours accru aux conclusions des diverses sciences*

L'évaluation objective des conséquences, surtout si elles sont simplement prévisibles et non vérifiées par l'accumulation de l'expérience passée, peut laisser les moralistes dans l'embarras. Ici, il apparaît nécessaire, plus qu'autrefois, pour nous tirer de cette impasse, de recourir aux conclusions sans cesse renouvelées de diverses sciences humaines (sociologie, psychologie, médecine, etc.). L'éthique d'aujourd'hui se veut, à juste titre, plus INDUCTIVE. L'exploitation des données de l'expérience, non seulement de l'expérience populaire ni seulement de l'expérience du passé, mais aussi de l'expérience qui résulte de la pratique des sciences modernes, est d'un secours irremplaçable pour l'évaluation de la moralité objective de bien des comportements concrets. D'autant plus que les sciences humaines ont fait des progrès énormes et apporté des lumières nouvelles sur bien des questions. Ce recours aux données des sciences humaines empiriques doit cependant être complété par une réflexion de type philosophique et théologique sur ces mêmes données, du fait que les conclusions de chaque science risquent d'être partielles, sinon partiales ; ce qui donne droit de cité à l'éthicien...

Il faudrait peut-être ajouter ici que, conformément à l'attitude scientifique moderne, l'expérimentation, la vérification d'une hypothèse par l'expérience scientifique, est devenue un mode de connaissance important pour l'homme d'aujourd'hui. Ne faudrait-il pas reconnaître à l'expérimentation une place raisonnable dans le discours éthique, compte tenu de l'importance des risques courus et de la gravité des enjeux ? L'expérimentation comporte certes ses risques ; mais le statu quo en comporte également. Dans certains cas, ne s'agit-il pas davantage d'évaluer la moralité de l'expérimentation elle-même (en raison, par exemple, de la disproportion entre les bénéfices espérés et les risques encourus) que de porter un jugement *définitif* sur la moralité du comportement lui-même ?

c) *Le critère fondamental de l'Agapè*

Autre difficulté inhérente à cette méthodologie : sur quel critère fonder notre préférence par rapport à tel équilibre des nombreux facteurs de l'acte plutôt que tel autre ? Quel critère peut justifier notre jugement quant à l'existence ou non de la

« raison proportionnée » ? Problème difficile qu'il n'est pas permis d'écarter d'un revers de main.

Je crois que le critère fondamental en éthique chrétienne (et même en éthique profane) devrait toujours être celui de l'Agapè, celui de l'amour. Précisons ici qu'il ne s'agit pas simplement de l'Agapè ou de l'amour comme attitude morale ou théologale, mais plutôt de l'Agapè ou de l'amour comme principe formel. L'amour, c'est l'ouverture à la personne et à la communauté des personnes, dans un esprit de service. L'amour, comme principe formel, comme critère du bien et du mal moral, pourrait s'exprimer ainsi : sont moralement bons ou mauvais les comportements qui sont constructifs ou destructifs de la communauté humaine, des relations humaines et/ou de la personne, spécialement de l'autre que soi. Le critère de l'amour, ainsi compris, constitue, en quelque sorte, une perspective, un horizon, dans l'appréciation des divers éléments de l'acte moral. Le critère de l'amour, croyons-nous, pourrait détrôner avantageusement l'ancien critère de l'ordre naturel biologique ou physique, du moins dans certains domaines (souvent ceux qui sont les plus controversés, en éthique chrétienne), à moins qu'il n'apparaisse clairement que la violation d'un tel ordre naturel biologique entraîne de soi une destruction de la personne humaine et/ou de la communauté des personnes. Ce qui n'est pas à exclure : qu'on pense seulement aux problèmes actuels qu'entraîne une modification substantielle de l'environnement physique, de la part de l'homme technique et urbain.

Ainsi formulé, le critère de l'amour ne résout pas tous les problèmes posés à l'éthicien contemporain ; nous en sommes pleinement conscients. En particulier, restent irrésolus les problèmes suivants : celui des relations entre la personne individuelle et la communauté des personnes (qui, de la personne ou de la communauté doit avoir la préférence, dans une situation donnée ?) ; celui de déterminer ce qui est constructif ou destructif de l'humain et des relations humaines ; sans parler de la conception même de l'humain...

Pourtant, je crois que le critère de l'amour, tel que formulé plus haut, peut servir de critère fondamental de référence et corriger certaines approches anciennes.

De toute façon, il semble difficile d'arriver aujourd'hui à la certitude que nous possédions autrefois : est-ce seulement souhaitable ? C'est pourquoi il me semble nécessaire d'ajouter une dernière indication méthodologique.

d) *Conclusions ou choix éthiques ?*

Le jugement de valeur à porter sur la moralité d'un comportement particulier, fondé, comme nous l'avons vu, sur sa signification morale globale interprétée à la lumière d'une approche personnaliste (celle de la charité, qui concerne autant la solidarité que l'inter-subjectivité) n'est pas toujours ÉVIDENT ; dans bien des cas, il implique un certain CHOIX éthique de la part de l'éthicien ou de la part de la communauté des personnes. Il faut, à un moment ou l'autre, prendre position avec les lumières que nous avons et en fonction d'une certaine vision de l'homme et du monde. Il importe seulement d'avoir assez de lucidité et d'humilité pour reconnaître que notre choix éthique, individuel ou collectif, n'est pas nécessairement le seul possible. En ce sens, l'éthique devrait être une éthique pensée en communauté (et une éthique chrétienne, une éthique pensée en Église à la lumière de la Révélation) ; une éthique qui adopte certaines « politiques morales », [7] compte tenu des lumières disponibles et des choix fondamentaux de la communauté. Un tel choix éthique au niveau communautaire n'exige pas l'unanimité des membres de cette communauté (le consensus est parfois difficile à obtenir) ; il n'exige pas non plus, du moins dans tous les cas, la fidélité absolue de chacun des membres à ce choix collectif, devenu ainsi une « politique morale ». Mais chacun devrait au moins reconnaître, qu'il soit membre ou non de la communauté, la légitimité d'un tel choix et le traiter avec beaucoup de respect.

Le jugement de valeur n'est pas toujours une conclusion évidente ; il est souvent le résultat d'un choix éthique le plus responsable possible.

Conclusion

La méthodologie « du sens » que je viens d'exposer très brièvement ne s'adresse qu'à l'éthicien qui croit encore à la possibilité et à l'utilité d'apporter des solutions concrètes aux interrogations de ses contemporains. L'éthicien de situation n'aurait que faire d'une telle méthodologie, préoccupé qu'il est de trouver une bonne « méthode pour la prise de décision » situationnelle. [8]

Par ailleurs, le cadre de cette communication m'obligeait à laisser de côté la question également importante de l'éthique de responsabilité dans sa relation à l'éthique « de conviction ». Peut-être cette autre question pourrait-elle faire l'objet d'un autre symposium en éthique.

Notes

1. Richard McCormick, s.j., « Human Significance and Christian Significance », dans Outka-Ramsey, *Norm and Context in Christian Ethics*, New-York, Scribners, 1968, pp. 233-261, à la p. 246.

Dans le même sens, Olivier Du Roy affirme : « Parler d'un acte bon ou indifférent *en soi,* c'est supposer que des actes puissent être mauvais en *eux-mêmes*, indépendamment des circonstances, des personnes, des situations et du sens qu'ils prennent. » (dans *La réciprocité*, Paris, Épi, 1970, p. 211).

Pierre de Locht dira de son côté ce qui suit : « Juger la moralité d'un acte par sa seule matérialité c'est ne pas atteindre la réalité. Est seul réel un acte marqué d'un sens ; sa matérialité considérée isolément n'est qu'une abstraction. Il n'est donc nullement question de supprimer les critères objectifs, mais de se rendre compte qu'ils ne se trouvent pas dans la seule matérialité d'un comportement, mais dans l'objet réel, c'est-à-dire un comportement signifiant, animé par un sens. » (dans *La morale conjugale en recherche*, Tournai, Casterman, 1969, p. 61).

2. Cf. Josef Fuchs, *Existe-t-il une morale chrétienne ?* Gembloux, Duculot, 1973, pp. 78-82.

3. Cf. C.E. Curran, *Contemporary Problems in Moral Theology*, Fides Pub. Notre-Dame, Indiana, 1970, p. 145.

4. Nous pensons en particulier au théologien protestant américain Joseph Fletcher (cf. *Situation Ethics*, Philadelphia, Westminster Press, 1966 ; mais aussi, sans doute, à J.G. Milhaven, s.j. et à son livre *Toward a New Catholic Morality*, Garden City, New York, Doubleday & Co., 1970.

5. Cité par R. McCormick dans *Theol. Studies* 1972, p. 70. Voir D'Hoog, *Le dynamisme de la morale chrétienne*, tome II, Gembloux, Duculot, 1968, p. 133.

6. « Les écrits théologiques contemporains se sont mûs d'une façon très marquée dans la direction d'une méthodologie conséquentialiste. » (R. McCormick, dans *Theol. Studies* 1972, p. 90.)

7. L'expression est empruntée à D. Callahan, *Abortion, Law, Choice and Morality*, New York, Macmillan Press, 1970.

8. Cf. Fletcher, *op. cit.*, p. 11.

Documents

UNE FORME D'ÉTHIQUE

José A. Prades

José A. Prades est professeur au Département des sciences religieuses de l'Université du Québec à Montréal. Son champ d'intérêt est celui de la réflexion systématique sur les postulats, les fondements, le contenu, les conditions de progression... de la religion populaire. Cette réflexion est appliquée notamment au domaine de l'enseignement de la religion, au niveau secondaire, au Québec, maintenant.

PROBLÉMATIQUE

1. *Perspective*

Tout en avouant qu'il s'agit d'une tentative fort aléatoire, j'essaye d'ébaucher les traits qui m'apparaissent essentiels pour orienter mon comportement éthique.

Je n'ai pas l'intention de définir, moins encore de proposer, une normative universelle, fondée sur la nature ou sur la religion. Je me limiterai à indiquer les choix que je crois être les miens. Certes, ces choix sont aussi les choix de beaucoup d'autres. Ils ont pour moi une validité élémentaire, dans le sens qu'ils méritent d'être corrigés et complétés.

Mon discours, enfin, n'a pas de prétention scientifique. Il se voudrait simplement un pas en avant dans le long chemin d'une vérité qui se fait ensemble et progressivement.

2. *Réserves*

Je reconnais volontiers le risque constant d'être aliéné par mes pulsions libidinales, par mes mécanismes de défense, etc. Il se peut donc très bien qu'au lieu de chercher à expliciter mes choix et à décrire les normes de mon comportement éthique, ce que je tente, en fait, est d'apaiser mon surmoi et de me donner bonne ou mauvaise conscience. Je ne peux me dispenser de cette réserve au moment où je vis dans une ère culturelle post-freudienne.

Je reconnais aussi le risque constant d'être aliéné par la position de classe qui est la mienne. Il se peut donc très bien qu'au lieu de chercher à expliciter mes choix et à décrire les normes de mon comportement éthique, ce que je tente, en fait, est de justifier ou de dénoncer cette position sous la forme d'un discours idéologique. Je ne peux me dispenser de cette réserve au moment où je vis dans une ère culturelle post-marxienne.

Ces réserves, bien entendu, j'essaye de les prendre pour moi-même, tout aussi bien que pour mes interlocuteurs. Les personnes, les groupes, les sous-cultures qui entourent nécessairement toute conscience individuelle font pression avec leurs propres impératifs éthiques. Une vigilante circonspection s'impose donc si l'on ressent le besoin de faire la part des choses et de ne pas confondre les lois et les intérêts de chaque sorte de pouvoir établi avec des normes qui n'ont que l'apparence de l'objectivité et de la validité universelle.

3. *Principes*

Ces principes relativisent profondément la portée d'une règle morale. Dans mon esprit, cependant, elles n'aboutissent pas au relativisme éthique. Un comportement peut être plus ou moins honnête et plus ou moins juste. En outre, l'intelligence est capable de découvrir, en bonne partie du moins, des principes éthiques qui fondent et qui sanctionnent l'honnêteté et la justice des actes dont un sujet humain est en quelque sorte responsable.

Ces principes éthiques sont ainsi normatifs. Ils ont la fonction d'orienter mon comportement vers la catégorie du bon, voire du meilleur. Ils peuvent être considérés à deux niveaux notamment, celui des catégories abstraites et celui de la situation concrète dans une conjoncture historique déterminée.

Je tenterai de me prononcer sur chacun de ces deux niveaux. Mais avant d'y aboutir, il faut traiter, même brièvement, une question qui me semble préalable à toute considération qui se veut située historiquement : mon éthique, c'est-à-dire, l'éthique du groupe ou de la classe sociale auxquels je joins mon destin, cette éthique sur quelle *vision du monde* se fonde-t-elle ?

VISION DU MONDE

1. *Histoire*

On appelle généralement *vision du monde* l'ensemble d'intuitions et de connaissances sur l'être et le devoir être des choses qui est partagé par un groupe social.

La vision du monde que je partage n'est ni complète ni confirmée, elle ne peut donc s'imposer. D'autre part, il m'est impossible de la remettre entièrement en question, je l'assumerai en principe, tant que je ne serai pas capable de trouver mieux.

Ma vision du monde s'appuie sur toute une série de conditions et de considérations d'ordre biologique, psychologique et sociologique ainsi que de réflexions théologiques, religiologiques et éthicologiques. Elle s'unifie et se renforce dans une perspective historique.

En effet, l'histoire est d'abord le lieu de mon être total et l'objet de mon interrogation première. Je ne saurais être *tout* ce que je suis sans le concours des hommes qui ont réussi à devenir bimanes et bipèdes, qui ont inventé le langage et l'art, qui ont fait les pyramides, l'exode d'Israël, le Moyen Âge, la Réforme, la révolution industrielle (passé) ; qui font la libération du Tiers-Monde, l'informatique, les transnationales, l'Université du Québec (présent) ; qui feront éventuellement la fin des inégalités de classe, le socialisme autogestionnaire (futur déjà commencé). En même temps l'histoire est *question* : que signifie cette innombrable multitude de mammifères au cerveau hyper-complexe, capables non seulement de se reproduire mais de produire les conditions de leur existence et de leur développement ?

Mais, en dernière analyse, l'histoire est aussi le lieu où je trouve la source première et dernière de *sens* et de *finalité*. Sans tenir nullement le besoin de rejeter toute considération de caractère extramondain, indépendamment donc de l'existence d'un au-delà, je pense que l'histoire porte en elle-même un sens et une finalité qui me paraissent possibles, positifs et impératifs : la progression constante de toutes les capacités de l'espèce humaine.

Ces considérations montrent quelques éléments de ce que je crois être le fond de ma vision du monde. Celui-ci est un tout en mouvement qui non seulement m'intègre et me questionne, mais qui me guide, m'interpelle, me juge et me soumet en dépassant toujours ma propre personne et ma propre liberté.

Notons en passant que certains verront peut-être des racines judéo-chrétiennes dans ma position. Je ne le discuterai pas ici. Plutôt que de me pencher sur les origines de ma vision des choses, je préfère expliciter un peu plus son contenu.

2. *Processus*

Qu'est-ce qui fait marcher l'histoire ? Parmi les différents types de réponse, mon choix est d'exprimer le processus historique à l'aide de la dialectique de la collaboration et du conflit.

Cette dialectique fonctionne selon le schéma que voici :

1) A l'origine, toute réussite, tout progrès, toute croissance des capacités humaines passe nécessairement par la *collaboration* entre hommes et entre groupes humains.
2) La collaboration, inévitable pour produire et pour partager, engendre le *conflit* lorsque les uns tentent de s'imposer et d'en profiter et les autres de se défendre, de résister ou de contre-attaquer.
3) Le conflit dans le mode de production et de partage génère à son tour de nouvelles formes de collaboration entre les couches dominantes et leurs alliés ainsi qu'entre les couches opprimées et leurs alliés...

Ce processus se diversifie bien entendu d'une façon beaucoup plus complexe que ne le suggère notre schéma. Il permet néanmoins d'indiquer une piste féconde. En premier lieu, en tant qu'interprétation plausible d'un fait essentiel : le va-et-vient des luttes et des alliances déclenche le mécanisme de l'histoire. Mais ce même schéma pourrait être poussé plus loin et fournir un éclairage très riche à la notion de « sens » de l'histoire, non seulement en tant que suite de faits accomplis, mais en tant que suite de faits qu'il serait bon d'accomplir.

3. *Finalité*

Je crois que cette démarche peut être tentée en considérant le récent développement des forces destructives dont les hommes disposent pour la première fois sur la planète. Cette nouvelle information permet de conclure qu'à partir d'un certain seuil les conflits ne peuvent plus se résoudre par la violence sans risquer l'anéantissement total des belligérants.

Si cette intuition était fondamentalement juste, la dialectique de la collaboration et du conflit qui, à l'intérieur de certaines limites, constitue notre postulat de base, nous éclairerait sur la finalité de l'histoire. Non pas sur sa finalité dernière, qui est la conservation et l'épanouissement de l'espèce humaine, mais sur la finalité de la tâche historique qui m'appartient en quelque sorte dans la conjoncture actuelle.

En effet, si l'exacerbation des conflits ne peut mener à la longue qu'à la catastrophe, notre raisonnement n'offre qu'une alternative sérieuse à explorer : l'importance décisive d'apprendre à privilégier fondamentalement la part de la collaboration.

J'entends par là la recherche constante, réfléchie et expérimentée, de la collaboration concrète et efficace avec les groupes qui s'avèrent capables de favoriser la généralisation et la prédominance de la collaboration dans les relations humaines. Jusqu'à présent, le mouvement social qui incarne de la façon la plus complète cet objectif, est sans doute le mouvement socialiste autogestionnaire.

CONVICTIONS

J'ai essayé de présenter une problématique grave et de sonder témérairement les gouffres de ma conscience historique. Je me sens maintenant plus à l'aise pour manifester mes convictions.

1. *Principes éthiques abstraits*

L'amour, la liberté, la justice, le bonheur, la raison, partout et pour tous... ce sont pour moi des « valeurs », des principes éthiques abstraits qui s'imposent certes comme un idéal que je n'ai pas le droit de refuser. Mon comportement éthique ne peut donc ne pas s'en inspirer.

Ces principes ne font néanmoins partie de ma réflexion que dans la mesure où je cherche à les appliquer dans une situation concrète.

2. *Principes éthiques en situation*

L'importance et la complexité de l'enjeu exigent avant tout que mon comportement éthique sont rationnel, c'est-à-dire, capable d'adapter les moyens disponibles aux buts poursuivis.

Les buts immédiats que j'estime prescrits par notre conjoncture historique, du moins dans leur expression « générale », m'apparaissent relativement clairs. Il s'agit fondamentalement, de viser l'autogouvernement des masses, avec toute l'infinie gamme de conditions et de concomitances que cela implique.

Les moyens les plus adaptés s'avèrent par contre extrêmement embrouillés, en raison saus doute du poids négatif de la culture que nous ont léguée les élites au pouvoir pendant de longs siècles : une culture de la méfiance et de la compétition. Ces moyens ne peuvent donc émerger que dans l'entreprise déjà transformatrice d'une profonde révolution culturelle touchant profondément de larges masses de l'humanité.

Dans cette perspective, voici les urgences et les solidarités qui me semblent prioritaires :

— s'informer très minutieusement, et saisir toute occasion pour informer les autres sur les initiatives, les progrès, les conquêtes que font les hommes dans la création de conditions de vie plus humaines ;

— s'informer très particulièrement sur les expériences et les théories nouvelles concernant l'autogestion et diffuser ces informations très largement ;

— collaborer généreusement avec les groupes, les idéologies et les utopies qui, au Québec et dans le monde, font progresser la conscientisation et l'autogouvernement des masses travailleuses ;

— trouver soi-même et aider à faire trouver la joie dans un travail rigoureux et exigeant, au niveau professionnel et syndical, au niveau politique, au niveau de la culture ;

— viser constamment la démocratisation la plus éclairée et la plus large dans tous les milieux où l'on vit ;

— « last but not least », espérer et répandre l'espérance la plus ferme dans les capacités insoupçonnées d'un homme libre dans un monde libre.

POUR UNE ÉTHIQUE QUÉBÉCOISE

Pierre Fortin

Les éthiques sont terrestres. Elles reflètent l'existence sociale des hommes et la conditionnent. C'est pourquoi il nous faut être attentifs au mécanisme de leur production dans les sociétés humaines. Dans ce bref article, après avoir affirmé la pertinence de l'élaboration d'une éthique québécoise, je proposerai quelques réflexions concernant la fabrication d'une éthique située et situante, dans le cadre de notre histoire nationale.

Une première constatation s'impose à mon esprit : les éthiciens et les moralistes québécois répètent plus ou moins heureusement ce qui se pense ailleurs. D'où l'urgence de l'instauration d'un discours éthique québécois qui s'enracine dans notre histoire, et qui soit au service de la libération des hommes et des femmes d'ici. Je partage cette réflexion de Jacques Grand'Maison : « Qu'on le veuille ou pas, que ça plaise ou pas, les 60,000 survivants de la Nouvelle-France sont devenus un peuple de six millions de Québécois. J'ai le goût de voir clair à fond là-dedans. Je ne m'arrêterai pas d'éfardocher et de labourer aussi longtemps que je n'aurai pas remué ce sous-sol de fond en comble et inventorié ses richesses. » [1] Je m'empresse d'ajouter une remarque qui me semble importante : loin de nous aliéner, j'estime que la fidélité à nos racines et la fabrication d'une éthique de l'itinérance d'après les coordonnées de notre culture nous permettront d'accéder à l'homme universel, par le biais de notre expérience collective d'une praxis particulière de libération.

– une éthique située

Une lecture critique de notre société dans le contexte nord-américain nous amène à y discerner un mode particulier de l'existence humaine historique, d'où découle un processus particulier d'aliénation. Notre « monde » est conditionné par la structure du capitalisme parvenu à sa dernière phase d'évolution. L'entreprise de modification à laquelle est conviée l'éthique québécoise m'apparaît comme conditionnée d'abord par la connaissance de notre situation historique particulière, c'est-à-dire de sa nature et de ses réalisations, et ensuite par les possibilités de dépassement qu'elle offre. C'et en ce sens que l'éthique ordonnée à une praxis de libération est toujours conditionnée et conditionnante. Le problème du sens de notre existence individuelle et collective n'est pas tout fabriqué d'avance et extérieur aux luttes qui font notre histoire. Est-il nécessaire de le rappeler ?

Quand j'observe la société québécoise dans l'ensemble de la civilisation nord-américaine, je remarque qu'une sorte de schizophrénie individuelle, collective et culturelle caractérise le Système dans lequel nous évoluons. Cette schizophrénie traduit un certain divorce, et parfois un divorce certain, entre les théories morales traditionnelles qui nous influencent encore aujourd'hui et certaines praxis individuelles et collectives. Nous sommes ainsi conduits à l'instauration progressive, dans la conscience humaine, du principe qu'une double « vérité » guide l'agir. Je note également le développement de plus en plus accentué, dans les masses, d'une sorte d'identification positive inquiétante avec les exigences, les produits et les sous-produits matériels et idéologiques du principe de rendement économique qui dirige la société industrielle avancée. Ces deux constatations sont à la base d'une dialectique historique que nous avons peine à résoudre, comme Québécois, tant au plan des structures qu'à celui des individus.

Le problème que notre génération doit résoudre est de taille. C'est celui de l'avènement d'un sujet historique nouveau, issu d'une véritable psychanalyse de la société actuelle qui offre les conditions nécessaires, mais non suffisantes, pour bâtir la société nouvelle. Ce qui est en jeu, c'est l'apparition d'une nouvelle sensibilité qui nous révélera une autre vision du monde.

Le catholicisme a joué un rôle primordial dans notre histoire. Il faut le rappeler pour être honnête. Mais il faut également affirmer qu'un certain type de christianisme a manifestement hypothéqué et paralysé l'évolution de notre société. Jusqu'à maintenant, notre morale a été d'inspiration chrétienne. La nouvelle morale dont nous avons besoin pour favoriser une nouvelle expérience de l'être devrait être à la fois l'héritière et la négation de la morale chrétienne, telle que vécue historiquement en terre québécoise. Notre société accède au pluralisme moral, et c'est un bien pour notre collectivité. Toutefois, elle ne peut pas se passer de l'impact de l'Évangile à l'intérieur de ses murs.

La mission de la communauté chrétienne en terre québécoise doit être révisée dans le sens d'un retour au dynamisme prophétique. En Amérique du Nord, le problème de la signification socio-politique de la théologie chrétienne se pose dans les cadres de la société capitaliste. Et dans la mesure où ce type de société instaure de plus en plus un mode déterminé d'existence, un langage propre, des institutions et un système de légitimation basé sur le principe de rendement économique, la théologie chrétienne, telle que nous l'avons connue jusqu'à tout récemment, a été pratiquement presque toujours l'expression de cette société. La praxis chrétienne nous a habitués à voir le christianisme officiel comme le premier de ses éléments intégrateurs. Et comment ! Elle a assuré la stabilité de notre société, inconsciemment ou non, par l'utilisation socio-politique de quelques éléments de sa théologie : la loi et le droit naturel, la rétribution céleste, la Providence, etc. Par souci d'humanisation du système, elle a fait le jeu de la problématique quantitativiste au lieu de le contester radicalement, en dénonçant théoriquement et pratiquement le mensonge de l'idéologie sur laquelle repose le libéralisme économique.

Les Québécois chrétiens devront relier leur praxis à la tradition prophétique judéo-chrétienne s'ils veulent vraiment, pour le plus grand profit de notre société, mouler leur expérience particulière de l'espérance dont ils doivent rendre compte, au sein même de la praxis de libération du peuple québécois. L'avènement du Royaume de Dieu dans notre « monde » à nous est de nature à susciter une conversion personnelle et structurelle qu'on ne peut pas du tout négliger. J'estime que le langage évangélique, comme le langage poétique, propose la négation du visible, du tangible et de l'audible, en tant qu'ils sont voilés par la répression de l'homme par l'homme. Dans la crise socio-politique que nous traversons, notre collectivité ne peut pas se payer le luxe de matraquer ses prophètes, ses poètes et ses utopistes. Malheureusement, c'est ce qui arrive bien souvent. Et pour notre plus grand malheur.

– et une éthique situante

La présentation et la fabrication de l'alternative constituent l'autre facette du problème auquel nous avons à faire face.

Il ne me semble pas qu'une grille de lecture toute faite d'avance, et empruntée comme telle au marxisme soviétique ou chinois, puisse répondre parfaitement aux exigences de cette problématique. Il nous faut fabriquer un « socialisme » qui soit le produit de notre histoire, de notre mémoire et de notre imagination sociales. Il ne devrait pas non plus être vécu et perçu comme un système paralysant la créativité, mais comme une utopie relative et provisoire, au service de notre bonheur national brut. C'est sur ce terrain que doit se définir l'éthique comme pouvoir problématique conçu d'après les coordonnées du désir et de l'itinérance.

Le concept d'itinérance permet à la théorie critico-sociale contemporaine de relier les attentes humaines actuelles avec les aspirations qui ont donné naissance aux révoltes et aux utopies du passé. L'itinérance porte en elle l'insatisfaction, l'angoisse même ; elle nous permet de cheminer au niveau de la question et de concevoir des buts qui ne peuvent être que provisoires. À la lumière de l'itinérance, le socialisme québécois, exorcisé de toutes ses fausses promesses, nous conduira à la vision d'une praxis permanente plutôt qu'à celle d'une praxis terminale.

Tout au long du processus historique de libération des hommes et des femmes d'ici, l'éthicien engagé dans cette voie se révélera comme l'homme de l'inconfortable interrogation. Il lui apparaîtra essentiel de faire intervenir, dans la recherche de cette organisation sociale axée sur le socialisme, un doute sur la vérité qu'il privilégie ou sur celle dont vivent les hommes et les femmes de la société à laquelle il appartient. Il s'interrogera sérieusement sur la nature de ses instruments d'analyse et sur la structure elle-même des alternatives qu'on propose à la société québécoise. Enfin, il estimera urgente la tâche de passer au tamis du doute méthodique les principes, les justifications et les finalités politiques, sociales, économiques et religieuses qu'on accepte trop facilement comme des dogmes.

Quel doute peut-il être utile et salutaire à l'éthicien ? Celui de Descartes ? [2] Peut-être. Celui de Nietzsche ? [3] Utilement. Celui de Fourier ? [4] Oui, audacieusement. Dans une société comme la nôtre, à la recherche de sa propre identité, l'éthicien entretiendra des relations assidues avec les utopistes, les artistes et les prophètes québécois.

La transformation des structures sociales, la modification des valeurs et le renouvellement de la conscience individuelle et sociale exigent un esprit inventif et créateur même. L'imagination favorise la lutte contre les multiples facettes de l'aliénation : du positivisme jusqu'aux dogmatismes moraux. Elle crée l'espace nécessaire à l'invention du futur au-delà de la futurologie positiviste. La libération de l'avenir hypothéqué par l'extrapolation matérialiste est à ce prix. C'est pourquoi il nous faut être attentifs à la production artistique qui s'enracine en terre québécoise parce qu'elle exprime à sa façon ce qu'on appelle la québécité.

Il est temps que le peuple québécois décide d'être heureux. Et pour parvenir au bonheur, il lui faudra accéder à la rédemption par l'imagination, c'est-à-dire à la conversion de ses images projetantes et désirantes.

Au sein de la libération des hommes et des femmes d'ici, l'éthique puisera largement dans les réservoirs de l'imagination. Mais de quelle imagination s'agit-il ? Il s'agit de cette puissance mystérieuse qui permet à l'être humain de se soustraire au déjà vu, au réel de surface, pour aller chercher, au cœur même des choses de la terre, les soupçons, les forces sauvages de la vie, et les promesses de bonheur qu'elles gardent en réserve. En morale et en éthique, nous utilisons divers ingrédients rationnels producteurs, en fin de compte, d'une seule et même marmitée rationnelle, de raison raisonnante et de raison raisonnée. On nous a servi cette marmitée dans toutes sortes d'assiettes (morale de l'efficacité, de la responsabilité, de la conviction, de la classe sociale, etc.), et à toutes sortes de sauces. Le temps est venu de changer de recette, d'en composer de nouvelles qui soient de nature à procurer à l'homme les vitamines de l'imaginaire qu'on lui refuse trop souvent.

Le rôle des artistes est de passionner la société, comme le soulignait fort à propos Claude-Henri de Saint-Simon. L'art est coordonné et non subordonné à la morale pour la diriger sur le terrain du sensible. Il donne de l'imagination en présentant le monde sous une nouvelle forme. Il ne présente pas le chemin conduisant à la cité nouvelle, mais presse les hommes de s'engager à trouver les moyens d'y parvenir. La collaboration entre les artistes et les éthiciens est indispensable. Engagée dans l'œuvre de reconstruction politico-sociale de notre société, l'éthique, à l'écoute de l'esthétique et fécondée par elle, exprimera une révolution dans la perception de notre monde : la beauté sera alors une qualité essentielle de la liberté.

Notre société est le résultat d'un univers politique qui se donne des contrôles efficaces pour utiliser les hommes et les choses sous le couvert d'une pseudo-rationalité. C'est pourquoi la société nouvelle est un problème principalement politique. L'exploitation de l'homme devient de plus en plus scientifique et rationnelle. Dans un tel climat, il est très difficile de percevoir, puis de mettre en lumière le mensonge qui empêche tout changement qualitatif, parce que le progrès et l'idée de progrès qu'on nous impose créent des formes d'existence telles que la majeure partie de la population s'identifie à elles. On tente de faire de nous des « colonisés sublimés », bien nourris et bien divertis. Dans une société qui verse progressivement dans l'unidimensionalité, on assiste alors, comme le souligne Marcuse, à un « engourdissement de la critique » : la protestation au nom d'un avenir meilleur ou encore au nom de la libération de l'homme semble de plus en plus difficile dans un état dit de bien-être.

L'éthique n'échappe pas à ce piège, car elle n'est pas située hors de l'histoire des hommes. Elle est liée à la temporalité des situations économiques, sociales et politiques qui accompagnent, nourrissent et conditionnent les questions et les réponses qui la constituent. Parce qu'elle naît du « pourquoi » de l'existence humaine vécue dans un contexte bien déterminé, l'éthique doit procéder à une analyse rigoureuse des conditionnements naturels et historiques. L'aliénation des Québécois n'est pas un problème métaphysique mais historique.

D'abord négative, l'éthique québécoise refusera le type d'existence imposée, dans la mesure où se trouve bloquée en son sein une certaine inquiétude productrice d'interrogations. Pour ce faire, elle veillera à valoriser l'imagination.

Parce qu'elle rompt le charme des choses habituelles et les mensonges sur lesquels repose notre vie sociale, l'imagination au pouvoir favorisera l'éveil des consciences. L'éthicien la cultivera dans son entreprise de conscientisation des masses populaires ; elles l'utiliseront à leur profit pour dessiner un projet social favorisant la libération de l'homme total, libéré de la dialectique anesthésiante de la production et de la consommation et pour s'engager dans ce projet. Mais le peuple québécois est-il prêt à payer le prix de cette entreprise qui ira à l'encontre de la majeure partie de ses aspirations matérialistes ? Le Québécois identifié au système capitaliste a oublié les valeurs de l'ascèse et du partage. Comment accueillera-t-il les appels à la conversion ?

Il faut revenir à notre histoire et sans cesse la remuer. Nous avons besoin d'interroger notre passé pour y découvrir les racines de notre historicité, elle-même porteuse de promesses de libération et de la grille explicative de notre aliénation. La relation existentielle de l'homme avec son passé est capitale s'il veut être en mesure de faire son avenir. L'oubli du passé serait désastreux pour notre collectivité. Pourquoi cela ? Parce que l'histoire est une connaissance de l'homme par l'homme désirant retrouver dans son passé les valeurs vécues par les hommes d'autrefois, une lumière sur l'homme d'aujourd'hui qui est redevable du passé et une vision en germe de l'avenir. Le passé ne constitue toutefois pas le point de départ de la réflexion éthique ni son point d'arrivée. C'est le présent qui intéresse d'abord l'éthicien et le présent perçu comme possibilité, comme lieu de décision de l'homme. Dans cette perspective, le passé est reconnu comme un foyer d'explications possibles du présent et le futur comme l'avènement d'une plus grande liberté.

En guise de « conclusion », ces quelques réflexions m'amènent à affirmer la quadruple fonction sociale que doit jouer l'éthicien dans notre société en mutation. Il s'efforcera de cultiver l'inquiétude et l'interrogation au cœur même de la praxis individuelle et collective ; de manifester à tous les Québécois l'existence des « possibles latéraux » car « la désaliénation de l'homme, pour reprendre Perroux, [5] commence dès qu'il est capable d'images projetantes et désirantes » ; de permettre à l'imagination de mordre sur le réel en suscitant l'instauration de l'imagination esthétique comme nouveau pouvoir ; et enfin, de faciliter l'engagement individuel et collectif dans une praxis de libération totale de l'homme et de la femme, par une connaissance multidimensionnelle de la société québécoise.

Notes

1. Conrad Bernier, « Interview : Grand'Maison à la recherche de ses racines », dans *La Presse,* samedi 17 mai 1975, p. E2.

2. René Descartes, *Discours de la méthode/Méditations* (coll. 10/18, 1), Paris, Union Générale d'Éditions, 1963, pp. 46-49.

3. Friedrich Nietzsche, *Par-delà le bien et le mal* (coll. 10/18, 46), Paris, Union Générale d'Éditions, 1963, no 228, p. 166 ; *Ibid.*, nos 186-203, pp. 109-131 ; *Id.*, *La généalogie de la morale* (coll. idées, 113), Paris, Gallimard, 1972, nos 5-6, pp. 15-17 ; Id., *Le Gai Savoir* (Fragments posthumes, 1881-1882), Paris Gallimard, 1967, no 345.

4. Charles Fourier, *Théorie des quatre mouvements et des destinées générales,* Paris, Anthropos, 1966, pp. 3-4.

5. Cf. François Perroux, *Aliénation et société industrielle* (coll. idées, 206), Paris, Gallimard, 1970, p. 127.

ÉTHIQUE ET OBJECTIVITÉ

Jacques Ferland

Je veux bien essayer de formuler très brièvement une problématique contemporaine de l'éthique sous l'angle particulier de l'objectivité.

D'une façon générale, l'objectivité peut être comprise comme la fidélité au réel, et l'objectivité en éthique comme la fidélité aux exigences morales qui découlent du réel (humain et/ou chrétien).

Voici donc quelques questions qui peuvent se poser à l'éthicien contemporain par rapport à l'objectivité. [1]

1) Notre époque est particulièrement sensible au caractère ineffable de la personne humaine et à la singularité de la situation, ainsi d'ailleurs qu'à la liberté et à la dimension subjective de la moralité. Dans un tel contexte, il n'est pas surprenant que, pour nous, l'objectivité puisse signifier non seulement la nécessaire conformité du jugement individuel aux vues morales de l'élite d'une société donnée, mais aussi la rectitude subjective du jugement de conscience individuel dans une situation humaine particulière culturellement conditionnée. [2] Même après avoir admis que « nous n'avons pas d'autre symbole de l'objectivité que l'universalité », selon l'expression de Roger Mehl [3], nous reconnaissons de plus en plus qu'il y a une objectivité propre au jugement de conscience strictement personnel. D'où la question actuelle : l'éthique contemporaine doit-elle s'orienter principalement, sinon uniquement, dans le sens d'une « éthique de responsabilité », dans le sens d'une « éthique existentiale formelle », selon l'expression de K. Rahner [4], dans le sens d'une « éthique de situation » qui se contente de fournir une bonne « méthode pour la prise de décision » [5] ? Ou doit-elle également maintenir une « éthique essentiale matériale », i.e. un système cohérent de principes et de normes morales opérationnelles universellement valables ? En d'autres mots, l'universalité du

discours éthique, au plan opérationnel, i.e. au plan des solutions concrètes, doit-elle être considérée comme une garantie absolument nécessaire d'objectivité ?

Et si nous optons pour un équilibre, une « tension dialectique » [6] entre une « éthique de la responsabilité » et une éthique « de conviction », qu'est-ce que cela peut signifier, en pratique et pour l'homme de la rue ?

2) On note, dans le discours éthique contemporain, une nette tendance à remonter des solutions concrètes aux valeurs, au sens ou aux principes généraux, qui fondent ces solutions. Par exemple, l'éthique des valeurs est beaucoup plus soucieuse d'élucider les valeurs morales et de les hiérarchiser que de les incarner dans des normes morales opérationnelles, laissant ainsi à la personne en situation une plus grande liberté de choix. Une telle forme d'éthique ne cesse pas pour cela d'être « objective », car elle maintient l'universalité du discours éthique et fournit aux personnes en situation de véritables critères d'objectivité. On peut seulement se demander si les hommes d'aujourd'hui peuvent se passer d'un éclairage plus spécifique sur les problèmes concrets.

3) Si nous répondons négativement à cette dernière question, i.e. si nous reconnaissons qu'il est encore nécessaire de travailler à l'élaboration de normes morales opérationnelles, nous pouvons encore nous demander jusqu'à quel point et si de telles normes morales opérationnelles doivent être absolues, i.e. applicables à toute situation, sans exception. Nous pouvons faire remarquer ici qu'une forme universelle ne cesse pas d'être « objective » du fait qu'elle comporte un certain degré de relativité par rapport à la situation. Plusieurs éthiciens contemporains mettent en question les absolus et insistent sur la valeur « pédagogique » des normes morales. [7] Ma question est alors la suivante : s'agit-il là d'une acceptation larvée de l'éthique de situation ou simplement d'une correction de trajectoire ?

4) Enfin, notre époque est particulièrement consciente de l'historicité de l'homme et de ses conditionnements culturels. En termes d'objectivité, cela peut signifier que nous fondons l'objectivité de l'éthique et l'objectivité des normes opérationnelles non plus sur un ordre moral immuable, établi de toute éternité, mais bien sur des exigences morales qui peuvent changer en fonction des changements culturels et de l'évolution de l'homme lui-même. Dans un tel contexte, l'objectivité même de l'éthique semble exiger que nous considérions les normes mo-

rales comme « ouvertes », i.e. comme sujettes à révision. Ce qui peut nous amener à penser qu'entre une éthique statique des essences et une éthique existentielle non généralisable, il pourrait y avoir place pour une éthique « historique » (et donc « provisoire ») des essences, i.e. pour une éthique qui tienne compte de la dimension historique et culturelle de la nature humaine.

S'il en est ainsi, ma question serait la suivante : jusqu'à quel point une éthique universelle peut-elle être provisoire ? Après avoir relativisé les absolus du passé, allons-nous absolutiser le relatif ?

En terminant, j'exprime l'espoir que ces *Cahiers* apporteront quelques éléments de réponse à ces questions, qui concernent l'ensemble de la communauté humaine et chrétienne et son avenir.

Notes

1. Je tiens à préciser que je me situe moi-même dans la ligne de l'évolution, du renouveau et de la remise en question ; les questions que je pose ici à mes collègues éthiciens interrogent donc aussi ma propre posture en éthique.

2. Cf. J. Fuchs, dans la revue *Seminarium* 1971, p. 509 : « Que la droite raison d'agir soit exprimée dans des normes déjà connues et acceptées, ou qu'elle se fasse connaître à travers la connaissance dans la conscience n'entre pas dans la question de l'objectivité en tant que telle. » (ma traduction)

3. R. Mehl, « Universalité ou particularité du discours de la théologie morale », dans *Recherches de Sciences Religieuses* 59, 1971, pp. 365-384, à la page 366.

Il faut préciser ici que Roger Mehl, qui prône en fait une forme particulière d'éthique de situation, se montre réticent par rapport à l'universalité du discours moral : « Nous récupérons ici non pas l'universel, mais la visée de l'universel, étant entendu que, cette visée, nous ne l'effectuerons jamais pleinement et qu'elle n'a de chance d'être pleinement accomplie que dans le Royaume. Il ne faut pas que le discours de théologie morale élimine complètement, au nom d'une éthique de situation, tout souci d'universalisme. Il faut seulement qu'il renonce à définir cet universel et nous interdise la sotte prétention de l'accomplir. » (*Ib.*, p. 383).

4. Voir par exemple K. Rahner, « Sur la question de l'éthique existentiale formelle » dans *Écrits théologiques V*, Bruges, DDB, 1966, pp. 141-162.

5. Voir J. Fletcher, *Situation Ethics,* Philadelphia, Westminster Press, 1966, pp. 11-12.

6. Voir Th. Wassmer, *Christian Ethics for Today,* Milwaukee, The Bruce Publ. Co., 1969, ch. I : « An Ethic of Dialectical Tension », pp. 1-15.

7. Cf., à titre d'exemple, J. Fuchs, *Existe-t-il une morale chrétienne ?* Gembloux, Duculot, 1973, pp. 52-92 ; et C.E. Curran (editor), *Absolutes in Moral Theology,* Washington, Corpus Books, 1968.

LE CHOC DES MORALES

Michel Despland

Michel Despland est professeur de Sciences religieuses à l'Université Concordia de Montréal. Il a publié récemment un ouvrage intitulé Le choc des morales *dans lequel nous avons choisi quelques extraits accordés au thème de ce premier numéro.*

Des guerres ravagent notre planète ; d'autres encore sont possibles ; tous les belligérants nous communiquent une propagande assurant qu'ils sont les seuls véritables gardiens de la paix. Ces faits rendent l'effort moral nécessaire. Notons bien que les hommes ne sont pas seuls à se battre. Comme dans l'Iliade, leurs dieux s'arment aussi les uns contre les autres. Nos valeurs les plus chères sont niées par d'autres hommes qui, eux, obéissent à d'autres dieux et à d'autres lois. Non seulement les passions des hommes s'affrontent, mais aussi leurs religions, leurs philosophies, leurs morales. Bref, ce qu'ils connaissent de meilleur et de plus haut, disons leurs idéaux, sont en fait inconciliables. Dans nombre de situations, on ne peut guère être à la fois pour la liberté et l'ordre, pour la justice et pour la paix, pour la liberté d'entreprise et pour la nationalisation des ressources naturelles ou des moyens de production...

* * *

Cacophonie des morales et besoin d'une orientation autonome de la personne : ces deux découvertes dictent la tâche de l'éthique telle que nous la concevons. La vraie morale passe la morale. L'éthique commence par le soupçon : il n'est pas possible que toutes ces morales soient vraiment morales. Certaines n'ont que l'apparence de la moralité. Certains de ces chemins vers la liberté nous mènent à l'asservissement. Certains de ces missionnaires de l'idéal n'ont que le déguisement des anges de lumière. L'éthique est un effort critique. En face de la diversité des morales, elle dénonce ce qui ne résiste pas au regard perspicace et persistant. Elle retient ce qui s'avère valable une fois que les passions et les étroitesses des prises de position ont été surmontées. L'éthique est donc un effort de réflexion méthodique visant à comprendre et à réorienter la situation morale concrète que l'on vit.

Michel Despland : *Le Choc des morales* — Avant-propos, pp. 9-11
Lausanne, Éditions L'Âge d'Homme, 1973.

Distribution au Canada :

Librairie Liaisons-Verdun Ltée
4900, ave Verdun
Montréal, Canada

PROTOCOLE DE PRÉSENTATION DES MANUSCRITS

à l'usage des collaborateurs des CRE

1. *Soumission des manuscrits*

1.1 Les articles doivent être adressés en 3 exemplaires clairement dactylographiés à :
Cahiers de recherche éthique,
Université du Québec à Rimouski,
300, ave des Ursulines,
Rimouski, Québec
G5L 3A1

1.2 Les copies des articles doivent être homogènes, définitives et conformes au style de présentation adopté par les *Cahiers.*

1.3 Tout article doit être accompagné d'un bref curriculum vitae comprenant les nom et prénoms de l'auteur, ses fonctions, adresses, numéros de téléphone ; le nom des institutions auxquelles il se trouve attaché ainsi qu'une indication de son champ d'intérêt ou de ses recherches actuelles.

1.4 Le président ou le secrétaire du comité de direction des *Cahiers* accuse réception du manuscrit de l'auteur.

1.5 Tout manuscrit peut être soumis à un autre comité de lecture.

1.6 Les éditeurs des *Cahiers,* dans l'état actuel de leur publication, sont dans l'impossibilité de fournir des redevances aux auteurs.

1.7 L'auteur d'un article publié reçoit gratuitement cinq (5) exemplaires des *Cahiers.*

2. *Présentation des manuscrits*

2.1 Le manuscrit doit être présenté sur papier format standard 8½ x 11.

2.2 Le texte doit être clairement dactylographié, à double interligne. Les marges des quatre côtés doivent être assez larges.

2.3 Les notes seront reproduites à la fin de l'article imprimé. Elles doivent donc en conséquence être limitées, transcrites à double interligne, sur des feuilles séparées et non au bas des pages du texte principal.

2.4 Les titres et les sous-titres doivent être dégagés du texte courant. Aucune indication ne sera mise en marge sur les dispositions typographiques, que l'éditeur se réserve.

3. *Style typographique des CRE*

3.1 Comme toute publication scientifique, CRE a son style. Les auteurs sont priés de consulter les numéros passés en ce qui concerne l'orthographe des termes techniques, les abréviations et la rédaction des notes.

3.2 Les langues s'écrivant en caractères non romains doivent être transcrites en caractères romains, sans accents spéciaux et sans signes diacritiques.

3.3 Les citations de moins de quatre lignes seront incluses dans le texte avec guillemets. Les citations de quatre lignes et plus seront détachées du texte en un paragraphe distinct et sans guillemets ; ce paragraphe sera placé en retrait et il se terminera par la référence nécessaire donnée entre parenthèses.

3.4 Une interruption de texte à l'intérieur d'une citation se signale par trois points entre parenthèses.

3.5 Le point est omis dans les sigles mais il est inclus dans les abréviations.

4. *Système de références*

4.1 Les éditeurs des CRE se réservent le droit d'uniformiser le système de références des articles de la façon suivante :

4.11 *Livres*

- La première référence : Auteur, (prénom et nom), Titre souligné, Lieu, Éditeur, Année, page (p.).
- Par la suite : Auteur (prénom et nom), Titre souligné, page (p.).

4.12 *Collectifs, revues et dictionnaires*

- La première référence : Auteur (prénom et nom), « Titre entre guillemets », Titre de l'œuvre souligné, numéro (année) chiffres des pages ou colonnes sans abréviations.
- Par la suite : Auteur (prénom et nom), « Titre entre guillemets », Sigle de l'œuvre, chiffres des pages ou des colonnes.
- Ou, s'il n'y a pas d'équivoque : Auteur (prénom et nom), *loc. cit.*, page (p.).

4.13 *Livres de la Bible*

- Pour désigner les livres bibliques, on emploie les sigles de la Bible de Jérusalem (dernières éditions), précédés, s'il y a lieu, de leur numéro d'ordre sans espace :

  Gn Ex Lv Nb Dt Jos Jg Rt 1S 2S 1R 2R 1Ch 2Ch Esd Ne Tb Jdt Est 1M 2M Jb Ps Pr Qo Ct Sg Si Is Jr Lm Ba Ez Dn Os Jl Am Ab Jon Mi Na Ha So Ag Za Ml

  Mt Mc Lc Jn Ac Rm 1Co 2Co Ga Ep Ph Col 1Th 2Th 1Tm 2Tm Tt Phm He Jc 1P 2P 1Jn 2Jn 3Jn Jude Ap
- Ensuite, le chiffre du chapitre suivi d'une virgule.
- Enfin, le chiffre du verset suivi d'un point, ou bien le chiffre d'un verset suivi d'un point suivi du chiffre d'un autre verset, ou bien le chiffre d'un verset suivi d'un trait d'union suivi du chiffre d'un autre verset.
- *Le tout en chiffres arabes et sans aucun espace.*
- Exemples : 1Jn4,1. renvoie à la 1re épître de Jean, chapitre 4, verset 1 ; 1Jn4,1.6. renvoie à la 1re épître de Jean, chapitre 4, versets 1 et 6 ; 1Jn4,1-6. renvoie à la 1re épître de Jean, chapitre 4, du verset 1 au verset 6.

COMMENT NOUS COPIER

Propositions éthiques

Comme on peut aisément le comprendre, les facilités et les utilités de la polycopie créent aujourd'hui pour les éditeurs un problème nouveau et menacent leur existence même.

D'une part les nécessités actuelles de l'enseignement ou de l'échange en groupe amènent un besoin toujours croissant de la polycopie rapide, non soumise aux délais des autorisations lointaines et des formalités nombreuses. D'autre part les immenses possibilités offertes maintenant par les nouveaux procédés techniques facilitent à l'extrême une réponse rapide mais « sauvage » à ces besoins, avec bien des prétextes pour négliger les droits d'auteur et d'éditeur : urgence des besoins, complications des recours (surtout à longue distance ou en temps de grève postale !), exigences parfois surprenantes et insurmontables des propriétaires, etc. Il est tellement plus simple et plus expéditif de polycopier soi-même sans avertir, surtout lorsqu'il s'agit de quantités en apparence négligeables. Mais bien des gens honnêtes le font avec regret, en l'absence d'une meilleure solution, et ils se sentiraient plus à l'aise s'ils pouvaient régler leur compte avec l'éditeur d'une façon pratique et rapide.

On admettra qu'en attendant, les éditeurs souffrent des dommages graves. Ils ne peuvent en effet assumer seuls les frais de plus en plus élevés de la publication, et voir ensuite les usagers procéder de façon indépendante à la multiplication libre de leur produit, sans participer aux frais de la production. À cause de cela, on sait qu'actuellement le problème de la polycopie fait chez nous l'objet d'études aux différents niveaux responsables : société des droits d'auteurs, organismes gouvernementaux, etc.

En ce qui regarde les *Cahiers de recherche éthique,* nous voudrions mettre à l'essai une formule qui pourrait faciliter les choses et même inspirer d'autres éditeurs placés dans la même situation que nous.

En faisant confiance à l'honnêteté de nos usagers, nous proposons donc le système suivant :

À moins d'exception expresse, notée clairement à la fin d'un texte, la reproduction par copie ou polycopie (photocopie ou autres procédés) des textes des Cahiers de recherche éthique *est autorisée aux conditions suivantes, liées ensemble.*

1. *On peut copier ou polycopier* sans avis préalable *à l'éditeur des textes d'un* Cahier de recherche éthique *pourvu que l'on paie* ensuite *à l'éditeur les redevances indiquées plus bas.*

2. *Si le texte dépasse la moitié de la pagination totale d'un cahier, il ne semble pas plus coûteux d'acheter ce cahier à l'éditeur (Fides) et l'on comprendra facilement que nous insistons pour que cette solution soit adoptée, malgré les délais (que nous essayerons de faire brefs).*

3. *On paiera à l'éditeur (Fides-Montréal) une redevance de 1¢* pour chaque copie d'une page *des* Cahiers.

   Exemple : si l'on polycopie à 20 exemplaires un article de 10 pages des Cahiers, *cela fait 200 pages des Cahiers, (même si l'on a polycopié sur des feuilles 8½ x 11, qui contiennent chacune 2 pages des* Cahiers*). On doit donc $2.00 à l'éditeur.*

   Nous croyons que ces frais peuvent aisément être réglés par les particuliers, ou acquittés par les comptabilités régulières des institutions d'enseignement ou autres qui font ces polycopies.

4. *Nous n'exigeons pas le paiement de la redevance si la somme est inférieure à $1.00, mais nous demandons alors comme toujours que la source soit indiquée, que l'on fasse mention des* Cahiers de recherche éthique *sur la copie.*

5. *On envoie à l'éditeur (Fides-Montréal) le montant des redevances, en mandat ou en chèque, en adressant comme suit :*

   Cahiers de recherche éthique
   Les Éditions Fides
   235 est, boulevard Dorchester
   Montréal H2X 1N9

6. *L'éditeur souhaite vivement* mais n'exige pas *que les usagers s'identifient et indiquent la matière copiée. D'une part on comprend qu'il nous intéresse de savoir ce qui est trouvé utile dans les* Cahiers, *mais d'autre part nous ne tenons pas à faire enquête et nous voulons laisser aux usagers le maximum de latitude.*

Le paiement à l'éditeur pour un article polycopié pourrait être rédigé comme suit :

« Veuillez trouver ci-incluse la somme de $5.00 pour la polycopie de l'article de Andréas Moralès dans CRE X, 25 pages à 20 exemplaires. Avec nos remerciements et nos félicitations pour une formule si commode.

Roland Argus, professeur
Cegep Louis-Joseph-Papineau
Montfaucon, Qué. »

Achevé d'imprimer à Montréal par Les Presses Elite,
pour le compte des Éditions Fides,
le seizième jour du mois de janvier
de l'an mil neuf cent soixante-seize.

Dépôt légal — 1er trimestre 1976
Bibliothèque nationale du Québec